O Mundo da Vida Eterna

O Mundo da Vida Eterna

O que acontece após a morte?

EL CANTARE

Ryuho Okawa

IRH Press do Brasil

Edição original em japonês:
Eien no Seimei no Sekai
– Hito wa Shindara Dounaru ka 2004 Ryuho Okawa

IRH Press do Brasil Editora Limitada
Rua Domingos de Morais, 1154, 1º andar, sala 101
Vila Mariana, São Paulo – SP – Brasil, CEP 04010-100

1ª edição (2025)
2ª reimpressão (2026)

ISBN: 978-65-87485-55-3

CONTEÚDO

CAPÍTULO UM
A igualdade diante da morte

CAPÍTULO DOIS
A alma após a morte (Perguntas e Respostas)

CAPÍTULO TRÊS
As Questões da Morte Cerebral e do Transplante de Órgãos

CAPÍTULO QUATRO
A Verdade sobre o Culto aos Antepassados

CAPÍTULO CINCO
O Mundo da Vida Eterna

Prefácio

Há aproximadamente dois mil e quinhentos anos, Gautama Sidarta (Buda Shakyamuni), príncipe do clã Shakya, no norte da Índia, renunciou a este mundo em busca de uma resposta para a razão de os seres humanos experimentarem os "quatro sofrimentos": "Nascimento", "Envelhecimento", "Doença" e "Morte". Ele almejou alcançar a iluminação, contemplando sobre o que é a "verdade" e o que é o "bem". Este livro é a resposta às questões de Shakyamuni. Ele serve como um guia para os religiosos que se desviaram do caminho e também funciona como um alerta severo para os médicos e cientistas de hoje que vivem na ignorância.

Em qualquer época, é sempre uma única pessoa que primeiro descobre a Verdade e se convence dela. E esse entusiasmo em transmitir essa Verdade se propaga de coração para coração, levando muitas pessoas a se despertarem ao longo dos tempos.

Este livro é uma obra na qual cumpro minha missão como religioso que conhece os segredos do

Mundo Real, trazendo uma Verdade que certamente deve ser legada às gerações futuras.

Ryuho Okawa
Mestre e CEO do Grupo Happy Science
Primavera de 2004

CAPÍTULO UM

A igualdade diante da morte

1.
Por que é necessário o trabalho religioso?

Os religiosos devem ser especialistas em morte

Gostaria de começar por abordar a questão da morte, que é um tema extremamente importante para as religiões.

Se perguntado por que é necessário o trabalho religioso, podemos dizer que essencialmente os religiosos têm que ser especialistas em morte. Hoje, um número crescente de pessoas morre nos hospitais, de modo que os problemas da morte estão gradualmente se tornando parte do trabalho dos médicos, mas, fundamentalmente, é claro que a medicina tem limitações.

A limitação da medicina está em curar apenas os males do corpo físico e, por isso, creio que os médicos não tenham as habilidades necessárias para lidar com as questões relativas ao verdadeiro significado da morte ou do mundo após a morte.

Neste contexto, penso que a missão da religião ainda é de grande importância. Os critérios médicos da morte e o que ela significa permanecem instáveis;

mas para alguém que conhece a verdade do mundo espiritual, os argumentos dos médicos parecem extremamente triviais e de pouca importância. Sinto que o ponto mais importante não entra em suas discussões e eles parecem não entender isso.

"Nascimento, Envelhecimento, Doença e Morte" são as questões fundamentais da religião

"Nascimento, Envelhecimento, Doença e Morte" são os temas básicos e importantes do budismo e são citados como sendo uma das razões pelas quais Shakyamuni renunciou à vida mundana, entrando para o caminho da religião. Se houvesse alguém que pudesse ter respondido às perguntas "Por que nascemos? Por que envelhecemos? Por que adoecemos?" ou "Por que morremos?", então ele poderia muito bem ter desistido de se tornar um buscador da Verdade, permanecido no palácio e assumido a posição de rei como sucessor de seu pai. No entanto, ninguém fora capaz de lhe responder a estas perguntas. As questões de nascimento, envelhecimento, doença e morte são problemas fundamentais da filosofia e da religião.

Eles dizem respeito tanto à religião quanto à filosofia, mas quando estendemos a questão para incluir a vida após a morte, eles obviamente entram como um assunto da religião.

Por que as pessoas nascem? Por que elas vêm a este mundo? Estas são perguntas que não se pode dizer que foram respondidas pelo senso comum atual. Da mesma forma que assistimos ao debate da medicina sobre a definição de morte — se ela ocorre quando o coração para ou quando o cérebro deixa de funcionar —, também vemos a discussão sobre quando se pode dizer que a vida começa. Pode-se dizer que começa biologicamente quando ocorre a fecundação do óvulo? É quando o embrião assume forma humana dentro da mãe? Quando é que começa de fato? A própria origem da vida permanece escondida atrás de uma névoa de ambiguidade.

Recentemente, temos testemunhado grandes avanços no campo da robótica e olhando do ponto de vista das funções físicas, está ficando difícil traçar uma linha clara entre robôs e seres vivos. Vimos a criação de robôs que imitam a forma e as características humanas e animais, dificultando cada vez mais a distinção entre eles.

Existe então a questão da vida, do nascer. E existe também a questão do envelhecer. Este é um fenômeno que todo mundo reconhece, mas a pergunta é: por que as pessoas inevitavelmente envelhecem?

Muitas pessoas, desde a antiguidade — como o imperador Qin Shi Huang e outros —, nutriram o desejo da imortalidade e longevidade, querendo impedir o envelhecimento e a morte pela velhice, mas nenhum desses desejos jamais foi realizado. É impossível para as pessoas não envelhecer, assim como não morrer.

Em seguida, temos o problema da doença, do adoecimento. A humanidade conseguiu vencer muitas doenças e a expectativa média de vida é agora um pouco maior do que era no passado. Porém, como resultado de diversas pesquisas, a variedade de doenças aumentou. Coisas que antes não eram consideradas como doenças são agora diagnosticadas como tais. Por isso, a doença em si é algo que nunca irá desaparecer.

Se olharmos para o corpo físico, a doença pode ser vista como um mal funcionamento. Assim como não existem máquinas ou robôs que nunca quebram, o corpo físico também não é algo que possa ser usado eternamente sem falhas.

A ciência moderna ainda não compreende a vida

Até que ponto os estudos acadêmicos contemporâneos conseguiram encontrar respostas para os problemas fundamentais do "nascimento, envelhecimento, doença e morte"? Em seus níveis atuais, os estudos acadêmicos e a ciência atual são incapazes de fornecer uma resposta clara, particularmente quando confrontados com as questões de onde viemos ao nascer e para onde vamos depois de morrer. Apesar de todos os seus estudos, da produção de clones e da sua reprodução, há dúvidas se compreendem de fato ou não o que é a vida.

A religião não é algo que possa ser verificado ou provado por meio de experimentos pelas pessoas enquanto elas estão vivas. A Verdade é pregada por um pequeno número de pessoas e, depois disso, caberá a cada indivíduo acreditar ou não. Como resultado, na era moderna, é difícil aceitar a religião pela regra da maioria, como também é extremamente difícil aceitar por meio de uma comprovação científica.

Apesar disso, penso que é importante continuar a dizer o que deve ser dito. Atualmente, vemos avanços na medicina e na biologia, por meio das diversas pesquisas, que permitiram até mesmo a criação de clones. E mais, segundo alguns livros populares recentes, há uma tendência de interpretar de forma diferente aquilo que, desde os tempos antigos, a religião via como "a alma existe e o ser humano reencarna".

Há biólogos que dizem pensar ter conseguido captar algo que se assemelha à essência da alma por meio de suas pesquisas. Dizem que os humanos têm corpos físicos; nascemos bebês, crescemos, envelhecemos, depois morremos. No entanto, ao longo do caminho, temos filhos e netos e, dessa forma, parece que o indivíduo continua como um único organismo. Porém, eles afirmam que isso não é verdade, e argumentam que na verdade, a essência da alma corresponde ao DNA da pessoa. Há opiniões dessa natureza também.

Em seu livro O Gene Egoísta, Richard Dawkins propõe a teoria de que são os próprios genes que continuam a formar corpos por gerações, se reproduzindo inúmeras vezes, visando a existirem por cem, duzentos anos. Ele afirma que, na verdade, são os genes que sobrevivem.

Considerando a maneira materialista como a pesquisa biológica e médica realizada hoje, suponho que é de se esperar que esse seja o tipo de resultado a que eles teriam chegado. Os seres humanos recebem metade de seus genes do pai e outra metade da mãe, e estes são então recombinados para formar novas combinações genéticas. No entanto, é fato que uma porcentagem do gene original existe no novo corpo. Quando a criança cresce e tem seus próprios filhos, os genes serão transmitidos novamente, de pais para filhos, e de filhos para netos e, através do processo de reprodução, torna-

-se possível que os genes existam indefinidamente. Este é um ponto de vista materialista.

Suponho que as pessoas envolvidas em pesquisas desse tipo não consigam olhar para o assunto de forma diferente, mas acho isso uma pena. O corpo é apenas uma ferramenta e, portanto, não importa o quanto seja estudado, será difícil compreender o verdadeiro significado da vida e da missão por meio da análise do corpo físico.

2.
Forças além do mundo visível estão atuando

Teorias científicas sobre a teoria da causa primeira soam como superstição

A teoria da causa primeira — ou seja, "por que o mundo surgiu, por que os seres humanos existem, por que nascemos" — é algo que a ciência praticamente não consegue comprovar. Quanto mais ouvimos as explicações da ciência sobre isso, mais elas soam como se fossem crenças religiosas antigas ou até como superstições.

"Uma explosão ocorreu por acaso em um ponto do Universo e se espalhou." "Os gases do espaço sideral se reuniram para formar as estrelas." "As rochas colidiram entre si e surgiram os planetas." Quanto mais ouvimos esse tipo de explicação, mais elas parecem misteriosas e inacreditáveis, que nos fazem desconfiar. Elas nos fazem querer perguntar se essas coisas poderiam realmente ser verdade.

No que diz respeito à origem da vida, a ciência diz também que a primeira vida consistia em plânctons e microrganismos, depois vieram as plantas e então os animais. No entanto, estudos recentes em microbiologia provaram que a vida não se forma em um frasco que foi esterilizado com água fervente. Acreditava-se que as moscas e outras formas de vida surgiam naturalmente, do nada, mas, desde então foi descoberto que a vida é criada a partir de algo que existe na atmosfera (ou em objetos físicos). O fato de que se algo é completamente esterilizado, desinfetado com água fervente e selado de modo que não entre nada nele, então a vida não surgirá. Isso é algo que foi provado nos últimos cem ou duzentos anos.

Diz-se que a Terra tem aproximadamente 4,6 bilhões de anos e não se pode mais negar que no início era um corpo celeste escaldante, isso é um fato aceito. No entanto, ninguém parece ser capaz de responder como a vida poderia surgir nesse astro em chamas, derretida, daquela massa de fogo ardente. Nesse estado, todo o planeta estaria completamente esterilizado e, se fosse esse o caso, então de onde teria surgido a vida? Isso é misterioso.

Dessa forma, se alguém tenta explicar a etiologia primordial com base na ciência, isso pode acabar levando à superstição ou à fantasia.

As funções que as partículas de luz possuem

Não nos resta outra opção a não ser acreditar no poder de algo além do mundo visível. Se pensarmos que "há uma força poderosa em ação que fornece uma direção, e move as coisas de acordo, um poder que controla este mundo e dá origem à evolução", então as coisas começam a fazer muito mais sentido.

A fonte da força vital neste mundo é, naturalmente, a luz do Sol. Isso se combina com a água, que é composta de oxigênio e hidrogênio, e dióxido de carbono para produzir assimilação de carbono. Isso é convertido em energia e se torna a força vital.

No outro mundo, a luz do Sol Espiritual fornece a energia vital.

As partículas de luz do Sol Espiritual atuam tanto neste mundo como no outro mundo. Elas possuem ambos os aspectos e, neste mundo, elas se tornam vida.

No verão, a vida vegetal floresce, os animais tornam-se ativos, crescem e procriam. Grandes quantidades de vida são criadas. Se você olhar para isso, perceberá que está relacionado ao aumento da intensidade da luz do Sol. A energia do Sol é convertida em energia vital. E, ao irmos para o mundo espiritual, compreenderemos claramente que a energia do Sol espiritual é, na verdade, o que forma o corpo espiritual dos seres humanos.

Desta forma, as próprias partículas de luz têm a função que abrange tanto este mundo como o outro mundo, aparecendo neste mundo como a energia da vida e no outro mundo como a energia dos corpos espirituais. É esse tipo de fenômeno. A energia espiritual é invisível neste mundo, mas às vezes ela pode se materializar. O fato de que as coisas do mundo espiritual podem se materializar neste mundo, significa que a transformação das coisas que já existem neste mundo acontece livremente. É uma força que provoca transformações nas coisas que existem neste mundo.

A Teoria da Evolução, tal como apresentada pelos cientistas, só pode ser descrita como uma série de coincidências. Não tem nenhum significado fundamental ou base filosófica e, portanto, parece se tratar de mera coincidência uma após outra. É quase o mesmo que dizer que se tijolos, areia, água e cimento fossem deixados em um pedaço de terra plana, o vento soprasse, fosse aquecido de algum modo, macacos e outros animais viessem e mexessem com eles, isso resultaria em uma casa.

É assim que a ciência olha para o processo de origem da humanidade e outras formas superiores de vida animal.

“A força que nutre a vida” visível nos animais e plantas

No entanto, não devemos esquecer que os seres vivos têm alma, e que mesmo as formas inferiores de vida animal têm algo semelhante à alma. Não podemos deixar de pensar assim.

Se olharmos para o mundo natural, por exemplo, para a bacia amazônica, há insetos lá que não existem no Japão. Por exemplo, há o “louva-a-deus-folha”, um louva-a-deus que parece idêntico a uma folha, a fim de evitar ser avistado por pássaros. É curioso que algo assim tenha se desenvolvido, mas insetos como esse se transformaram para se parecerem com uma folha a fim de se protegerem de seus inimigos. Há insetos assim.

Se olharmos, descobrimos que há coisas ainda mais estranhas no mundo natural. Lembro-me de uma vez ter assistido a um documentário na televisão sobre os polvos que vivem nos mares da Indonésia. Esses polvos raramente são capturados e a razão para isso é que eles têm mais de dez formas que podem adotar para enganar seus inimigos. É bastante comum ver outras criaturas marinhas, como linguados, que são camuflados para se assemelhar ao fundo do mar etc., mas esse polvo vai ainda mais longe. Ele puxa sua cabeça e estende seus tentáculos, criando listras neles para que se pareça exatamente com uma cobra marinha. Como resultado, qualquer inimigo que teme cobras irá fugir deles. Além disso, este polvo também pode transformar sua aparência em uma anêmona do mar, ou manter seus tentáculos ao lado de seu corpo para assumir a forma de um peixe chato.

Teve um documentário assim sobre esse polvo que consegue assumir dezenas de formas, que habita os mares ao redor da Indonésia. Tal polvo-mímico existe.

Como era muito raramente capturado, até então as pessoas não tinham percebido o quão ele conseguia se transformar. Não há espelhos no mar, então não há como esses polvos verem sua própria aparência, mas apesar disso, eles se protegem dessa maneira.

Quando um predador que poderia comê-lo surge, o polvo se disfarçava como algo mais forte, como uma moreia ou cobra marinha, algo forte ou venenoso que intimidaria seu inimigo e o dissuadiria de se aproximar.

Por outro lado, quando está tentando capturar sua própria presa, disfarça-se de algo inofensivo para deixar seu alvo à vontade. Ele assumirá o disfarce de uma anêmona-do-mar, alga marinha ou coisas do gênero, transformando-se em algo aparentemente inócuo para deixar sua presa desprevenida antes de comê-la. Mesmo um polvo é capaz de conseguir isso, e isso é algo muito curioso. Esse não é o tipo de habilidade que ele poderia adquirir por acaso. Eles devem possuir uma força que tenha permitido que seu corpo evoluísse dessa maneira. Não há outra explicação.

No hemisfério sul, há uma espécie de louva-a-deus muito parecida com uma orquídea. Ele mudou seu corpo para parecer exatamente com uma flor, enganando outros insetos para que eles voem em direção a ela e permitam que ela os capture.

Essas são coisas que você não poderia fazer mesmo que quisesse. O fato de um inseto ter conseguido mudar a forma de seu corpo para se assemelhar a uma flor é um mistério quase inimaginável. Esses insetos ou animais demonstram a atuação do poder da sabedoria, da força para mudar a si mesmos e acho que isso ilustra a incrível força do Criador, de Deus.

Até mesmo as plantas receberam grande força. Imagino que a maioria dos meus leitores nunca tenha visto a velocidade com que o bambu cresce. Seus brotos são comestíveis e eles devem ser colhidos quase assim que aparecem acima do solo, quando ainda têm apenas vinte ou trinta centímetros de altura. Se você olhar para os rebentos e pensar: "amanhã deve ser o melhor dia para colhê-los", verá no dia seguinte que eles cresceram tremendamente.

Uma vez que os brotos tenham aparecido acima do solo, eles crescerão cerca de dois metros em sua primeira semana. Na segunda semana, eles terão mais de cinco metros de altura e o mesmo tamanho da planta-mãe. Ele ainda estará um pouco fino e coberto com uma substância branca em pó, mas em duas semanas já terá atingido uma altura de mais de cinco metros.

O bambu sabe que quando o broto acaba de emergir do chão é provável que seja comido e por isso dedica toda a sua energia para crescer o mais rápido possível. Uma vez crescido, torna-se muito resistente e não corre mais risco de ser comido, mas quando surge pela primeira vez não só as pessoas o desenterram, mas os animais também o comem. Por esta razão, o broto de bambu recém-emergido está desesperado para crescer alto nos primeiros três dias. Está lutando com tudo pela sobrevivência. Sinto tal vontade no bambu.

A velocidade com que cresce é inacreditável. Como eu disse, ele pode crescer mais de cinco metros em duas semanas e é curioso se formos pensar se o material necessário para conseguir isso realmente pode ser encontrado na terra onde cresce. Se ele consistisse principalmente de água, até daria para compreender, mas ele é composto por fibras que se tornam extremamente duras, e é difícil imaginar que todos os constituintes necessários existam no solo de fato.

Ao observar a aparência viva de todas as coisas da criação — animais, plantas, insetos, peixes, todos vivendo e se transformando constantemente —, a diferença entre aqueles que conseguem ver claramente que "uma grande força está nutrindo essa vida" e aqueles que não percebem isso de forma alguma, representa uma enorme diferença na maneira de ver a vida.

3.
Aceite o fato de que "todas as pessoas inevitavelmente morrem"

A vida se assemelha a uma única folha

Os seres humanos nascem neste mundo, crescem, têm filhos, morrem e partem deste mundo e numa visão geral, a vida pode ser comparada a uma folha de planta.

No inverno as árvores ficam secas, não mostram sinal de vida, mas quando chega a primavera, elas produzem brotos. Tão logo surgem os brotos, se multiplicam em novas folhas. As folhas continuam a crescer, absorvem a umidade das chuvas, realizando a assimilação de dióxido de carbono e armazenando os nutrientes no tronco da árvore. Então, no outono, as folhas mudam de cor, ficando vermelhas ou amarelas antes de caírem no solo.

A vida humana se assemelha muito a uma dessas folhas. Embora todos os seres humanos pareçam existir individualmente, estamos na verdade conectados a uma enorme árvore. Nossas raízes estão conectadas à essa grandiosa árvore. Esta árvore tem inúmeros galhos e nesses galhos existem todas as diferentes etnias. Há um ramo para os japoneses, um para os chineses, um para os coreanos, um para os americanos e assim por diante. Esses ramos se dividem em ramos menores, que são as diferentes regiões em que as pessoas vivem, os estados, as províncias e as cidades, e um grande número de pessoas vive nessas localidades. Finalmente, surgem as unidades familiares. Dessa forma, os galhos vão se dividindo até aparecerem as folhas.

Essas folhas caem e então nascem folhas novas, que também caem por sua vez.

Toda a vida, seja animal ou vegetal, segue em uma linha ininterrupta como esta. A morte pode gerar muita tristeza, mas não é diferente das folhas que caem das árvores.

É isso que nos diz o ensinamento de que "nada é permanente".

Neste mundo, a vida continua em uma linha ininterrupta; existe um mecanismo assim. Contudo, é impossível viver neste mundo por toda a eternidade. Ao deixar os descendentes, pode-se viver através deles com as diferentes aparências, mas cada consciência individual, — aquilo que nos torna o que somos — terá que deixar este mundo no final.

Do mesmo modo que as folhas caem das árvores, as pessoas também morrem. Não importa quem sejam, todos morremos no final. A única profecia que nunca falhará é, ao nascer um bebê, dizer: "Esta criança certamente um dia morrerá." Essa profecia se cumprirá sem erro algum. Não há como estar errada. Todas as pessoas, sejam elas quem forem, morrerão. Olhando da perspectiva deste mundo, é algo triste, mas todos certamente morrem.

No entanto, e se refletirmos a partir da perspectiva do destino das folhas na mudança das estações, que mencionei anteriormente? O que significa a queda das folhas?

No outono, as folhas caem no chão onde apodrecem para criar compostos que permanecem na terra como fonte de nutrientes. Quando a primavera chega novamente, a árvore absorve esse nutriente e o usa para criar brotos e, então, novas folhas. Dessa forma, pode-se dizer que as folhas caem no chão para produzir nova força jovem no ano seguinte.

Você pode até pensar que seria bom se pudesse ter a vida eterna, mas uma vida eterna neste mundo se tornaria uma forma de viver o inferno. Há um grupo dentro da Happy Science chamado "Grupo para Viver até os 100 anos", e embora o ser humano possa viver por cem anos, talvez seja um pouco triste se alguém vivesse por duzentos ou trezentos anos.

Pense como seria viver por duzentos ou trezentos anos: todo mundo que você conhecia desapareceria e o seu mundo se tornaria como o de Urashima Taro. Há uma lenda japonesa sobre um homem chamado Urashima Taro, que salvou uma tartaruga e foi recompensado com uma viagem ao Palácio dos Dragões , que fica no fundo do mar. Ficou lá passeando por três anos, mas quando voltou para sua casa, descobriu que trezentos anos haviam se passado neste mundo. No Palácio dos Dragões, o tempo passa num piscar de olhos.

Se você vivesse trezentos anos, seria uma vida difícil. As pessoas ao seu redor vão mudando, as épocas também, e isso deve ser realmente solitário. Por isso, passamos por um processo de reencarnação. Nascemos, crescemos, envelhecemos e morremos como todas as pessoas, e renascemos novamente em uma outra oportunidade, sendo a vida muito mais agradável assim. Dessa maneira, no mundo da vida, tudo existe em um ciclo de desenvolvimento contínuo.

É entusiasmante ver alguém que ganhou uma nova vida estudar, acumular forças, tornar-se adulto e aprender a trabalhar. No entanto, à medida que a pessoa envelhece, muitas coisas se tornam obsoletas e, mesmo que aprenda coisas novas após os cem anos, sua cabeça estará cheia de informações antigas e não haverá mais espaço.

Alguém que nasceu no Período Meiji (1868–1912) saberá como foi aquela época, como foram os subsequentes Período Taishô* (1912–1926) e Showa* (1926–1989), mas terá dificuldades de acompanhar as novas eras. Como uma folha, é muito mais fácil cair para então renascer depois de um tempo. É muito difícil abandonar as coisas antigas, então é necessário que deixemos este mundo para ganhar novas experiências.

É através desse mecanismo que as pessoas recebem um tempo de vida, e estão destinadas a partir deste mundo sem falta. É impossível tentar parar esse processo. Você pode desejar viver, mas as pessoas inevitavelmente vão morrer. Todos são iguais diante do destino chamado morte. Além disso, diante da realidade da "morte", nenhuma tentativa de qualquer pessoa de se afirmar diante do inevitável terá qualquer efeito.

A morte vem de repente

A morte sempre vem de repente. Em média, as pessoas vivem cerca de oitenta anos, mas varia bastante entre cada indivíduo. Algumas pessoas morrem ainda nos primeiros anos de vida, outras durante o ensino fundamental ou médio, ao mesmo tempo em que há aqueles que vivem até depois dos oitenta anos. No entanto, seja qual for o caso, a morte chega para todos de repente.

Assim como a maré pode subir de repente enquanto você está brincando na praia, um dia o seu tempo de vida na Terra chegará ao fim. Em um momento a água pode estar batendo nos dedos dos pés, no próximo ela vai até os joelhos, peito e depois sobre a cabeça; vai subindo desse jeito. É assim.

Paradoxalmente, pode-se dizer que aqueles que aceitam logo o fato de que um dia vão morrer, conseguem viver o tempo que lhes foi dado neste mundo de forma significativa. Aqueles que não pensam nisso e passam seus dias apenas se divertindo se verão subitamente confrontados com a morte um dia. Não conseguimos saber quando esse dia virá.

Imagino que a maioria das pessoas planeje a vida partindo do princípio de que vai viver cerca da expectativa média de vida, mas isso nem sempre é possível. Por isso, você deve viver sua vida de tal forma que, independentemente de quando partir, possa deixar este mundo sentindo que foi de alguma forma, útil — e com a determinação de fazer ainda melhor da próxima vez. É assim que você deve pensar.

A maioria das pessoas não consegue deixar de pensar na morte como sendo uma coisa triste, mas preciso enfatizar o quão importante é que você sempre se pergunte que trabalho você deixará para trás quando morrer. Ao ver o estado de muitas pessoas após a morte, sinto profundamente: "Ah, realmente, elas não estavam preparadas em seus corações." Para começo de conversa, a grande maioria das pessoas não conhece ou aceita a existência do mundo após a morte. Como resultado, não há como elas estarem preparadas quando a morte chega subitamente. Quando isso acontece, não importa o quão apegados elas possam estar a este mundo, sua casa, seu trabalho ou sua família, não há nada que elas possam fazer a respeito.

É muito triste, mas uma vez que alguém morre e se torna um espírito, as pessoas deste mundo não podem ouvir sua voz. Ninguém consegue escutá-lo por mais que falem, e ele não consegue mais tocar a sua família que, até o dia anterior, era capaz de fazê-lo. Tente imaginar isso. Em certo sentido, isso é angustiante. A sua voz não pode ser escutada pelo próximo. Você pode falar, mas eles não vão ouvir. Você pode tentar segurar a mão de alguém, mas não consegue. Você pode tentar abraçar os outros, mas você vai apenas passar através de seu corpo.

É um mundo assim. Esta é a realidade do mundo que virá um dia. As pessoas que conseguem deixar escrito suas últimas palavras são sortudas; a maioria das pessoas não tem essa chance. Diz-se que não se deve manter apego a este mundo depois de morrer, mas a maioria das pessoas o faz. Se você morresse hoje, haveria inúmeras coisas que você perceberia que deveria ter feito enquanto teve a chance. Por esta razão, você deve perceber que os preparativos para a morte já começaram desde o dia em que você nasceu.

Há pessoas que, ao serem diagnosticadas com câncer ou outra doença, recebem a sentença de "mais seis meses de vida" ou "mais um ano de vida" e acabam falecendo. No entanto, não há necessidade de lamentar esse infortúnio. Cem em cada cem pessoas, inevitavelmente, morrem por alguma causa. A morte por velhice talvez seja o melhor modo de morrer, mas todas as pessoas morrem, seja de câncer ou de alguma outra causa; diante disso, não adianta lamentar a infelicidade ou a má sorte.

É melhor você estar preparado para o fato de que um dia inevitavelmente vai morrer. No entanto, como eu disse anteriormente, a vida segue um ciclo como o das estações, então tendo em vista essa lei, é melhor se você não viver por centenas de anos.

É porque há pessoas que morrem que os bebês podem nascer. Isso é algo indiscutível. Caso contrário, o mundo seria composto apenas de idosos. É graças àqueles que morrem que os bebês existem.

4.
Novas experiências no mundo espiritual

No outro mundo também há educação de crianças

Entre os que morrem há crianças pequenas — aquelas que partem antes de seus pais — e as pessoas têm dificuldade em acreditar que uma coisa tão terrível e cruel possa acontecer. No entanto, o fato é que há a necessidade de transferir deste mundo para o mundo espiritual um certo número de pessoas que passaram por várias experiências e que sentiram e viveram de diversas maneiras. É por isso que há pessoas que morrem bebês ou em tenra idade.

Essas pessoas, a princípio, fazem a transição para o outro mundo na forma em que estavam no momento da morte. No entanto, no outro mundo, há também aqueles que realizam práticas de aprimoramento da alma, como "cuidar de bebês", "criar crianças pequenas" ou "educar alunos do ensino fundamental". Para essas pessoas, é necessário que novas almas lhes sejam confiadas.

Há pessoas no outro mundo que se arrependem da forma como criaram seus filhos e por isso praticam criando almas no outro mundo como forma de treinamento, para compensar o que deixaram de fazer quando estavam na Terra. Há também muitas pessoas no outro mundo que gostam de crianças, que gostam de criá-las, brincar com elas ou instruí-las e é necessário fornecer um suprimento de almas infantis para elas também.

É claro que é possível adotar a aparência de qualquer idade específica no outro mundo, mas isso só é possível para aqueles que perceberam o significado de sua natureza espiritual. Normalmente, após a morte, as pessoas costumam manter por um tempo — seja por um ano, três anos, ou mais — a aparência que tinham na época em que morreram.

Dessa forma, há pessoas no outro mundo que criam filhos, que educam os filhos dos outros e que ensinam crianças da mesma forma que os professores.

É verdade que muitas das pessoas que chegam ao outro mundo já têm uma certa idade, mas sob o ponto de vista do outro mundo, é bom que haja pessoas de várias idades lá. Assim, há muitas pessoas que acumulam novas experiências enquanto estão lá.

Aspirantes a anjos têm o trabalho de guiar as pessoas falecidas

Os líderes do outro mundo são chamados por muitos nomes, como "anjos" ou "bodhisattvas", e para as pessoas que almejam se tornar tais tipos de líderes, torna-se necessário prover oportunidades de treinamento a elas com tal finalidade.

Seu primeiro trabalho, a tarefa mais básica, é conduzir as almas que faleceram e chegaram ao outro mundo, ajudá-las a alcançar a iluminação, a abandonar seu apego a este mundo e se estabelecer em sua nova vida naquele mundo. Este é geralmente o primeiro trabalho que recebem. É necessário que o façam. Os aspirantes a anjos que se encontram no outro mundo devem, sem falta, exercer esse trabalho de fazer as pessoas recém-falecidas perceberem e compreenderem a sua situação e ajudá-las a se familiarizar com a vida lá.

Aqueles que vieram estudando e se aprimorando na Happy Science também vão querer encontrar algo para fazer quando chegarem ao outro mundo. No início, será uma fase mais centrada em si mesmo, no qual você terá que acumular experiências e alcançar certo nível de iluminação. Mas depois de adquirir certo nível de experiência, despertar e perceber claramente que você é uma existência pertencente ao outro mundo, que você é uma existência espiritual, e que o outro mundo é diferente deste, então haverá um trabalho para você fazer.

Um grande número de pessoas está constantemente indo para o outro mundo e é necessário ter pessoas lá para recebê-las e orientá-las. Se não houver ninguém para guiá-las, elas ficarão perdidas, por isso é necessário ensiná-las o que fazer.

Penso que as pessoas que atuaram na nossa organização (Happy Science) farão esse tipo de trabalho alguns anos após a sua morte. Depois de um certo tempo acumulando essa experiência, elas irão para uma dimensão um pouco diferente, onde começarão seu novo treinamento.

No início, é necessário orientar as pessoas que acabaram de chegar no outro mundo, que acabaram de morrer, com base nas suas próprias experiências adquiridas nos primeiros anos após retornar ao outro mundo.

Métodos para fazer as pessoas perceberem sua própria morte

Quando as pessoas chegam ao outro mundo, os orientadores adotam diferentes aparências para ajudá-las a reconhecer sua situação. Um grande número de pessoas morre enquanto está no hospital e, portanto, para ajudá-las a entender o que aconteceu, muitos se apresentam a elas vestidos como médicos ou enfermeiros.

Eles não têm outra opção a não ser fingir ser médico ou enfermeiro, para fazer o recém-chegado acreditar neles. Isso porque a alma que chega ao próximo mundo ainda acha que está lutando contra a doença no hospital.

Dessa forma, os monges que mais se destacaram podem aparecer como médicos, enquanto as mulheres que darão suporte podem surgir como enfermeiras.

Se o recém-chegado ainda se recusar a acreditar no que lhe é dito, então mais "médicos" aparecerão. Se cerca de três deles se reunirem e disserem à pessoa que ela morreu de uma determinada doença, elas tendem a acreditar na sua nova condição.

Há aqueles no outro mundo, que orientam contando histórias que soam verdadeiras, mas ao mesmo tempo falsas, como: "A medicina moderna passou por mudanças. Foi provada a existência do mundo após a morte. Você já não possui mais um corpo físico. Você não sabia que a medicina havia avançado a esse ponto?".

As enfermeiras virão e dirão coisas como: "Deixe-me medir seu pulso. Ah, você não tem. Se você não tem pulso, isso só pode significar que você está morto." Dessa forma, elas encenam e fazem de tudo para convencê-los da situação. Isso não passa de um subterfúgio, mas os falecidos não acreditam se não fizer algo a este ponto; eles não conseguem se libertar da influência do materialismo enraizada neles.

Tenho certeza de que quando você vê pessoas que não acreditam em religião, você deve imaginar que elas terão dificuldade em fazer a jornada para o Céu. Digo isso daqueles que se recusam absolutamente a acreditar.

Essas pessoas acreditam que tudo termina com a morte, então como uma pessoa pode tentar explicar a existência da vida após a morte? Se houver vida após a morte, então elas provavelmente não acreditarão que estão de fato mortas — presumirão que ainda estão vivas.

Como resultado, elas tendem a retornar para casa, para o hospital ou para algum outro local que conheciam quando estavam vivas e, ao perceberem que não têm mais lugar lá, retornarão ao templo, igreja ou santuário onde seu corpo foi enterrado. Há aquelas que resmungam com os sacerdotes nos templos, enquanto outros simplesmente vagam sem rumo nas igrejas à procura de alguma conexão. As pessoas que tiveram algum vínculo ou forte conexão com a religião durante suas vidas têm sorte, pois representantes dessas religiões virão ao seu encontro, agilizando a orientação para o outro mundo. No entanto, as pessoas que recusaram a religião enquanto estavam vivas, aquelas que não tiveram afinidade ou nenhuma conexão com a religião, encontrarão dificuldades quando voltarem para o outro mundo. Mesmo que alguém tente explicar a situação para elas, não chegará a lugar nenhum e concluirá que será preciso que a pessoa perceba a situação por conta própria.

Quando isso acontece, as pessoas que são incapazes de entender sua situação são reunidas até que sejam capazes de descobrir o que aconteceu por si mesmas. Tendo em vista que elas ainda não estão cientes de que estão de fato mortas, por exemplo, quando são reunidas num mesmo lugar, aquelas que morreram por causa de assassinato ou violência, acabam brigando entre si, agredindo-se ou até mesmo tentando se matar novamente.

Quando dezenas de pessoas que morreram em briga entre gangues são reunidas, isso logo leva à violência. Basta se encontrarem que eles começam dizendo coisas como "para o quê você está olhando?" ou "eu não gosto da sua atitude" e, em pouco tempo, começam a brigar. Eles sacam punhais ilusórios que não existem e esfaqueiam uns aos outros, mas mesmo que pensem que conseguiram matar o outro, a pessoa supostamente morta se levanta novamente. Ficam surpresos com a situação, mas em seguida, é a vez da outra pessoa se vingar, e ela vem para apunhalá-los. Isso se repete incessantemente, em um mundo estranho em que a pessoa não morre, mesmo matando-a várias vezes. Até que, então, eles começam a estranhar a situação que estão experienciando.

No início, eles sentiam dor quando eram mortos, mas depois de terem repetido a experiência dezenas ou até centenas de vezes, eles entendem que algo não está certo, afinal, não é como se estivessem participando de lutas profissionais onde as pessoas são capazes de dar de ombros para lesões aparentemente graves.

"Parece que estou sangrando, mas agora que penso nisso, não sinto dor." "Mesmo que a ferida sangre, ela logo se fecha e desaparece. É tudo muito estranho." Mesmo quando minha cabeça foi cortada, ela logo voltou a crescer." Parece piada, mas é o que realmente acontece. Há pessoas que só compreendem as coisas passando por esse tipo de experiência.

Depois de deixá-las agir assim durante muito tempo, as pessoas que têm o papel de orientá-las decidem que talvez agora seja a hora de ir ao seu encontro. Diferentemente do que mencionei anteriormente, desta vez elas não se disfarçam de médicos ou enfermeiros, mas aparecem como sacerdotes e freiras, e pregam aos espíritos dos mortos por cerca de uma hora para ver se eles conseguiram entender pelo menos um pouco as circunstâncias.

E se o falecido ainda não compreende o que lhe está sendo dito, ele será levado a um local de treinamento, passando de um lugar a outro até que, finalmente, seja capaz de perceber a situação.

Aumentando o nível de experiência no mundo espiritual

Seja no Céu, no Inferno ou em algum lugar entre os dois, quanto mais experiência você for capaz de obter no mundo espiritual, maior será o seu nível de experiência. Nesse aspecto, pode-se dizer que se assemelha a um Pokémon; o nível de experiência vai aumentando, então surge uma diferença entre os recém-chegados e os veteranos.

Portanto, quando os recém-chegados começam a fazer a mesma coisa que os espíritos que já estão no local há anos, estes dizem: "Não importa quantas vezes você mate alguém, eles não vão morrer. Eles voltarão à vida. Você está perdendo seu tempo". Dessa forma, passam eles mesmos a dar um sermão aos novatos.

E ao serem mandados para um lugar diferente, lá encontrarão pessoas que morreram de formas diferentes da deles. Eles podem ser colocados onde estão reunidos os suicidas, pessoas que pularam do topo de prédios ou cachoeiras altas para se matar. Então, o que acontece se um tipo yakuza*, que já matou tantas pessoas que se cansou disso, é colocado num lugar desses?

Eles irão ver alguém se preparando para pular do alto e pensar: "ele deve estar querendo saltar de lá para morrer". E então, a pessoa realmente pula, seu corpo se espatifa no chão, jorrando sangue, e então ela morre. No entanto, depois de um tempo, ela começa a se mover. O suicida perceberá que não conseguiu morrer e decidirá tentar mais uma vez assim que se recuperar. Eles sobem novamente em um lugar alto, pulam mais uma vez e morrem; mas retornam à vida. Há também pessoas que pulam de cachoeiras.

Ao verem essa cena, aqueles que vieram matando outras pessoas com um punhal dirão o seguinte: "Mesmo que elas se matem, elas vão voltar à vida. É perda de tempo. Que coisa estúpida". Dessa forma, as pessoas elevam seu nível de experiência.

É possível dar um sermão naqueles que têm um nível de experiência mais baixo que o seu. Por isso, o yakuza pode ser movido a advertir os suicidas, dizendo: "Eu matei muitas pessoas quando eu estava vivo e desde que eu vim para cá, eu pensei ter matado centenas mais, mas neste mundo, todo mundo volta à vida. Você também, não adianta morrer. Deve ser doloroso por um tempo depois de saltar. É tolice da sua parte fazer isso só para sentir dor. Pare com isso."

Dessa forma, essas pessoas mortas conversam entre si e começam a advertir uns aos outros.

É difícil convencer uma pessoa materialista

A persuasão começa rapidamente no caso das pessoas religiosas ou daquelas que têm certa afinidade com a iluminação, e a orientação delas no próximo mundo flui bem, mas para aqueles que não tinham absolutamente nenhuma crença na religião enquanto estavam na Terra, pode-se dizer que a situação se torna complicada.

E não é somente no caso dos yakuzas, mas os professores de ciências que são materialistas são também difíceis de convencer. No outro mundo, há plantas e flores, e se você olhar para os rios, verá peixes nadando e, portanto, as pessoas com inclinação materialista se recusarão a acreditar que estão no outro mundo. Insistem em afirmar que estão neste mundo, tornando muito difícil persuadi-las do contrário.

Em suas ações, elas não foram pessoas más, apenas não conseguem compreender devido às limitações da ciência moderna. Por terem estudado a ciência atual por décadas, tornaram-se teóricas demais, e seria bom se pudessem abandonar isso — mas não conseguem, mesmo querendo.

Mesmo que um monge tente convencê-las da situação, elas simplesmente respondem: "Fui professor de ciências durante trinta anos", ou "realizei pesquisas na universidade", e se recusam a ouvi-lo. Elas dizem: "Do que você está falando? Você só se formou em religião, enquanto eu me formei em física, então eu sou mais inteligente. Não tenho tempo para ouvir sermões de monges. Meus estudos estão à frente do tempo e, portanto, são mais importantes".

Existe um neurocirurgião que alinha uma fileira de crânios e diz: "Isso aqui não é nada. São meras coisas. Tudo acaba quando você morre". Há muitas pessoas, como este neurocirurgião, que não se importariam de dormir com caveiras. Todos os dias elas olham para crânios e colocam cérebros em formol, mas isso não significa nada para elas. Parecem bastante contentes pelo fato de não sentirem nada com esse tipo de experiência. Esse tipo de pessoa também é muito difícil de convencer.

No outro mundo, as pessoas encarregadas de orientá-las também ponderam sobre como devem persuadir esse tipo de indivíduo. Devido à ideologia em que elas acreditam, a questão é como persuadi-las de que estão de fato mortas. Então, os orientadores pensam em todos os tipos de coisas, mas no final, concordam que a melhor maneira provavelmente seria ter esses indivíduos presentes quando uma pessoa morre no outro mundo. Eles não veem escolha a não ser colocá-los para atuar como médicos no mundo espiritual também.

Noutro mundo, há um grande número de pessoas cujos corpos espirituais morrem; então os médicos são levados até lá e instruídos a operá-las ou fazer o que mais acharem necessário. A operação continua interminavelmente até que o médico seja capaz de perceber que as coisas no próximo mundo são diferentes de como são no mundo terreno. É lamentável, mas mesmo que não sejam indivíduos ruins em suas ações, se sua maneira de pensar ou a ideologia em que acreditam estiver errada, a situação será difícil para eles.

Em um certo sentido, pode-se dizer que a maioria do pensamento ou ideologia mundanos estão equivocados atualmente. As crenças religiosas são uma coisa pessoal, e muitos podem até praticá-las aos sábados e domingos, ou talvez à noite nos dias de semana, mas elas não atuarão enquanto estiverem no trabalho.

No entanto, a salvação de uma pessoa depende do que ela acreditava; assim, as pessoas que não acreditavam na religião ou que gastavam todo o seu tempo realizando experimentos científicos com eletricidade e afins, serão difíceis de salvar. Pessoas assim terão que passar algum tempo estudando em um Inferno ao estilo da atualidade, semelhante ao lugar em que estão agora, antes que qualquer coisa possa ser feita por elas.

Criminosos ideológicos serão isolados no Inferno Sem Fim

Especialmente, as pessoas que levaram um grande número de pessoas em uma direção equivocada tenderão a aderir às suas crenças mesmo depois que chegam ao outro mundo e, portanto, representam um problema particularmente difícil.

Os criminosos ideológicos inveterados continuarão a contar suas mentiras mesmo no próximo mundo. Há muitos destes que chegam lá e importunam os outros, insistindo em dizer que eles ainda estão vivos.

No próximo mundo, é preciso convencer as pessoas de que elas morreram, e fazer com que elas subam para um reino mais elevado. No entanto, há pessoas que dizem: "Vocês ainda estão vivas. Alguém pode ter lhes dito que aqui é o Inferno, mas eles são loucos. Vocês ainda têm vida. Por alguma razão acabamos vindo para um mundo diferente, mas ainda estamos no mundo dos vivos."

Infelizmente, essas pessoas precisam ser isoladas. Se elas exercem uma má influência sobre os outros, impedindo-os de alcançar a iluminação, então elas devem ser consideradas prejudiciais e colocadas sozinhas, isoladas dos demais.

O lugar para onde essas pessoas vão é chamado de "Inferno Solitário" ou "Inferno Sem Fim". Este é um lugar onde não há ninguém por perto, não há nada, é um breu. Às vezes parece ser um lugar grande e desolado, o chão rachado como o de um deserto ressecado e numa escuridão total. A grama está seca, as árvores estão mortas e a pessoa não consegue se encontrar com ninguém. Em outros momentos, pode parecer como um poço profundo onde uma pessoa é colocada sem entender o que está acontecendo. Seja como for, é uma forma de prisão.

Essa política de isolamento existe, e esses indivíduos não podem ter contato com outras pessoas até que tenham organizado um pouco melhor seus pensamentos. Quando eles são deixados por vários anos em lugares que se assemelham ao fundo de um poço ou a um deserto desabitado, eles gradualmente começarão a fazer reflexão. Eles perceberão que algo não está certo e refletirão sobre sua situação.

Não há nada que possa ser feito por eles até que comecem a cogitar a ideia de que estavam errados. Não há como salvá-los e, por isso, os responsáveis por orientá-los os deixam de lado até que comecem a pensar dessa forma. Mantém-nos isolados, sem permitir que entrem em contato com as outras pessoas. Os orientadores esperam até que a pessoa ganhe humildade e pondere se não houve falha da sua parte.

Pessoas que tiveram status, honraria e fama enquanto estavam na Terra, que tiveram muitos subordinados e foram mimadas por um grande número de pessoas, acham isso particularmente difícil de fazer e por isso acabam sozinhas em locais isolados como aqueles. Ao se encontrarem lá, elas fazem reflexão, ficam cabisbaixas e um pouco mais quietas, e aos poucos demonstram vontade de ouvir a opinião alheia. Elas querem que alguém venha até elas, qualquer um, apenas para ouvir outra voz, para serem ensinadas. É assim que fica o seu estado de espírito. Até que isso aconteça, elas são deixadas lá.

Mesmo depois de terem atingido esse estado de espírito, elas não podem ser resgatadas imediatamente. É impossível salvá-las de repente, então os anjos utilizam subterfúgios e vêm até elas sob vários disfarces, a fim de levá-las ao entendimento. Nada pode ser feito até que elas tenham acumulado um estoque de experiência espiritual e, por isso, fazem com que elas passem por situações dessa natureza.

Desta forma, os valores deste mundo não valem absolutamente nada no mundo póstumo. A maneira de pensar, as experiências e os conhecimentos que foram úteis para se viver neste mundo tornam-se um empecilho, um obstáculo em sua jornada após a morte. A forma como irá resolver esses pontos é o mais importante.

Resumindo, todos são iguais na morte. O status, o currículo acadêmico, o patrimônio ou a linhagem familiar do indivíduo não têm importância. O indivíduo estará sozinho e todas as almas serão tratadas igualmente.

5.
Até que seu destino após a morte seja decidido

Há muitas pessoas que não acreditam em sua própria morte

Quando uma pessoa morre no Japão, muitas vezes é vestida com um quimono branco antes de ser colocada em seu caixão. Isso não é ruim, pois sem isso, é possível que a pessoa em questão não perceba que morreu.

As pessoas que não acreditavam em fantasmas quando estavam vivas, provavelmente pensarão que alguém está tentando enganá-las, vestindo-as com quimono branco e colocando um pano triangular na cabeça delas. Vão achar que se trata de uma atuação e não vão aceitar a verdade. No entanto, apesar disso, ainda é importante que elas sejam levadas a vivenciar os costumes associados à morte.

Muitas vezes, o falecido fica bravo e faz um escândalo quando vestem-no de branco, e realizam um velório para ele, onde todos os presentes choram e um monge aparece para recitar os sutras. Eles gritam com a família, dizendo: "O que você está fazendo? Parem com essa tolice! Estou vivo, parem com essa brincadeira de mau gosto de fingir que estou morto. Não irei perdoar um ato desse como ser humano".

Há pais que gritam aos filhos: "Eu sei que vocês são ingratos, mas isso está indo longe demais. Estão fazendo seus pais de boneco. Eu ainda estou vivo, mas estão agindo como se eu tivesse morrido, colocando minha fotografia num porta-retrato e queimando incenso diante dela. Essa brincadeira de mau gosto foi longe demais".

Outros, dizem enraivecidos para sua esposa: "Então você está tentando fingir que estou morto para encontrar um novo homem. Eu ainda estou aqui e você está tentando casar novamente. Não irei perdoá-la!".

Para começo de conversa, esses indivíduos se recusam a acreditar que morreram. Acham que ainda estão vivos, então não há muito o que possamos fazer. Eles também ficam muito irritados quando percebem que as pessoas não conseguem ouvir a sua voz. Amaldiçoam aqueles ao seu redor por sua irracionalidade e sua falta de empatia.

Eles vão ao hospital e começam a gritar com os médicos, acusando-os de dopá-los com algum tipo de alucinógeno ou anestésico, achando que o que estão vivendo é algum tipo de alucinação, algum efeito no cérebro.

Depois de um tempo, alguém que partiu antes deles virá ao seu encontro, alguém que eles sabem que está morto. Pode ser o avô ou a avó, um professor ou um amigo, mas será alguém que faleceu antes deles. Eles podem achar estranho ver uma pessoa falecida se aproximar deles dessa maneira, mas ainda tentam pensar racionalmente, dizendo a si mesmos que devem estar sonhando. É comum sonhar com pessoas que já partiram, então mesmo que encontrem com alguém assim, eles tendem a pensar que estão sonhando. Eles podem se perguntar brevemente se é verdade, mas logo dirão a si mesmos que estão simplesmente sonhando com seu avô e avó.

Eles descobrirão que a pessoa que veio ao seu encontro pode ouvir o que eles dizem. Sua esposa e filhos vivos não conseguiam ouvi-lo, mas os que já faleceram podem fazê-lo. Eles imaginam isso como sendo parte de um sonho, mas é um sonho extremamente real, muito convincente.

Acham estranho que ninguém da realidade pareça ser capaz de entendê-los. Irritados, indagam: "Será que todos eles estouraram os tímpanos ou algo assim? Pode ser que eles sempre tiveram uma audição fraca, mas agora são incapazes de ouvir uma palavra sequer".

Dessa forma, na maioria dos casos, eles colocam a culpa nos vivos. Eles podem pensar que, por engano, o hospital lhes deu algum tipo de droga que fez as coisas ficarem estranhas, outros pensam que foram isolados em algum lugar, mas seja qual for o caso, acham que há algo de errado com as coisas à sua volta. E mesmo quando uma pessoa que já faleceu aparece, mostram dificuldade de acreditar naquilo.

A cerimônia de travessia do Rio Sanzu

Para pessoas assim, é necessário realizar algum tipo de cerimônia no mundo espiritual para convencê-las de que estão de fato mortas. Sem isso, elas são incapazes de compreender a sua situação.

Se eles são japoneses, então a primeira barreira que enfrentam é o famoso Rio Sanzu, similar ao rio Estige da mitologia grega. O Japão tem muitos rios e os japoneses estão acostumados a vê-los, mas há lugares no mundo onde não há rios. Às vezes, para as pessoas que viveram em áreas onde não há rios, pode aparecer outras coisas diferentes de um rio. Por exemplo, para os nativos americanos pode aparecer um pântano. Podem ser montanhas, lagos, oceano ou o mar, mas no caso dos japoneses, é quase sempre um rio, o Rio Sanzu.

Esse rio foi criado em vários lugares, ou talvez eu devesse dizer que corre em vários lugares, pensando nessas pessoas. Elas não aceitarão os fatos sem esse rio, então um Rio Sanzu foi preparado em todas as províncias do país. Quando não há esse rio por perto, isso pode causar certa incoveniência; por isso, esses rios correm em todas as regiões para evitar que os falecidos tenham problemas com isso.

Primeiro, eles são levados a atravessar o rio vestidos com suas vestes brancas de óbito. Quando chegam à beira do rio, eles começam a travessia, pensando: "esse rio se assemelha ao de algum conto que já escutei".

Quando entram na água, naturalmente, sentem frio e começam a se questionar se este é um rio de verdade, mas isso não dura muito e logo param de acreditar nisso, pensando que é só porque o seu corpo está gelado. Eles fazem sua travessia, pensando: "Estou confinado na cama de hospital ou em casa, mas devo ter esfriado o corpo, o que está fazendo eu ter um sonho tão frio assim. Sim, o corpo deve ter esfriado".

Na hora de atravessar o rio, há aqueles que se debatem na água, aqueles que flutuam sobre a sua superfície ou às vezes atravessam por uma ponte que aparece à frente dele. Há vários casos.

Naturalmente, essas diferenças não significam nada, sendo simplesmente uma diferença no tipo de serviço prestado no outro mundo; no caso de uma pessoa boa se aproximar do rio, pode surgir uma ponte ou ela pode flutuar sobre a superfície da água, mas no caso de uma pessoa ruim, ela terá que atravessar se debatendo na água.

Essas pessoas podem sentir que já ouviram falar de um rio como aquele em algum lugar. A água é transparente, mas há diversas coisas caídas no fundo desse rio. Há cartões de visita, crachás, dinheiro, todo tipo de coisa pelas quais os indivíduos que atravessaram o rio antes delas estavam apegadas, podem ser vistas jazendo no fundo do rio.

Ao ver essas várias coisas, as pessoas pensam durante sua travessia: "O que é isso? Este rio é horrendo. Tem algo estranho com este rio". Ao continuarem avançando e avistar o outro lado da margem, percebem que lá estão pessoas que morreram antes delas. Como mencionei antes, na maioria dos casos, estas serão seus antigos professores, seu avô, avó, bisavô e bisavó, ou filhos e irmãos que faleceram antes delas. E ao se encontrarem, essas pessoas dirão: "Fulano, viemos buscá-lo".

No entanto, há algumas pessoas que percebem, durante sua travessia, que todos aqueles que estão do outro lado do rio estão mortos. Assim, aquelas que sentem que ainda não chegou sua hora de morrer, fazem o caminho de volta e retornam a este mundo. Em outros casos, é possível escutar a voz de sua família vindo de trás deles, dizendo coisas como, "pai, ainda é cedo demais", "não vá, por favor". Na maioria das vezes, essas são as vozes das pessoas que estão reunidas no hospital ou em casa cuidando do enfermo, pedindo a ele para não partir ainda.

As pessoas que olham para trás quando ouvem essas vozes geralmente retornam a este mundo, enquanto aquelas que não se viram mesmo escutando essas vozes, não podem mais retornar. Pessoas em uma situação muito grave podem voltar à vida quando elas olham para trás; muitas vezes, ouvimos uma voz vindo de trás.

As pessoas que param a travessia quando percebem que aqueles que os esperam na margem distante estão todos mortos, geralmente poderão voltar à vida. No entanto, aqueles que reconhecem as pessoas como mortas, mas decidem seguir em frente de qualquer maneira, pois parece ser um lugar bonito, normalmente não conseguirão mais voltar.

Assim que a pessoa termina de atravessar o Rio Sanzu é quando o cordão de prata se rompe. O corpo físico e o corpo espiritual estão conectados um ao outro por um cordão de prata que sai da parte de trás da cabeça, e ela se rompe quando a pessoa atravessa o Rio Sanzu. De fato, as imagens do rompimento do cordão e da travessia do rio se sobrepõem.

Quando a pessoa chega ao outro lado, se for japonesa, na maioria dos casos irá se deparar com um campo de flores de canola. Desde os tempos antigos, os japoneses faziam peregrinações, dentre outras coisas, na época em que a flor de canola desabrochava e, como resultado, o mundo espiritual ficou dessa forma. Os peregrinos, muitas vezes, andam em torno dos oitenta e oito templos de Shikoku* quando a flor de canola está se abrindo, porque vão na primavera, ou no período de Ohigan**. Isso resultou em muitas flores de canola e lírio-da-aranha-vermelha florescendo no outro mundo, embora algumas pessoas sejam recebidas com flores de cerejeira. Seja como for, predomina a imagem da primavera, ou então, do período de Ohigan.

Desta forma, esse local é extremamente bonito e, uma vez que alguém tenha atravessado todo o Rio Sanzu, na maioria dos casos, não poderão mais voltar. Então, começam as longas explicações e persuasões. Geralmente, é assim que procede para pessoas comuns ou ordinárias.

Aqueles que não atravessam o Rio Sanzu

Por outro lado, pessoas que viveram de maneira hedionda, que insistiram em praticar o mal, sendo completamente opostas a Deus e Buda em seus corações e pensamentos, vivendo na maldade, nem sequer podem atravessar o Rio Sanzu.

Pessoas assim, "despencarão de cabeça para baixo". É como se o cabo do elevador se rompesse. Eles não atravessam o rio, mas experimentam o horror de cair nas profundezas. A duração da queda que eles sentem depende da profundidade de seus pecados. As pessoas que foram verdadeiramente más sentem como se caíssem até o centro da Terra, como se estivessem caindo milhares ou dezenas de milhares de quilômetros. A queda continua e a situação é insuportável.

Quando finalmente param de cair, se elas foram extremamente más, então, como mencionei antes, elas na maioria das vezes se encontrarão isoladas. Elas ficarão sozinhas na escuridão. Depois disso, começarão uma visita aos diversos Infernos, um a um. São vários os trajetos que elas podem fazer.

Existem pessoas assim, que caem diretamente no Inferno. Aquelas que foram possuídas por inúmeros espíritos malignos ou demônios durante a vida, muitas vezes acabam assim. Pessoas que viveram por décadas sendo possuídas por vários espíritos malignos ou demônios geralmente caem dessa forma. Este tipo de pessoa não tem nem a oportunidade de atravessar o Rio Sanzu. A queda é imediata.

Uma pessoa comum atravessa o rio e, antes disso, sua consciência se separa de seu corpo. Quando isso acontece, muitas pessoas sentem como se tivessem passado através de uma cúpula de luz. Pode-se dizer que é semelhante a passar por um túnel. É como se, de repente, você emergisse em Niigata no momento em que a neve está derretendo. Muitas pessoas descrevem essa experiência como se estivessem saindo de um túnel para um reino de luz.

Esta é a sensação de quando o espírito deixa o corpo físico. Essa sensação de estar voando se manifesta como uma sensação de sair do túnel. Depois disso, a maioria atravessa o Rio Sanzu, embora também haja muitas pessoas que relatam chegar de repente ao rio sem experimentar a sensação de sair de um túnel.

É claro que as pessoas que alcançaram a iluminação até certo ponto, enquanto ainda estão vivas e sabem muito sobre o mundo da religião, não têm a necessidade de passar por todas essas etapas. Pessoas ligadas à religião, anjos de luz ou bodhisattvas virão cumprimentá-las logo de início. "Veja, agora que você morreu, vê que era tudo verdade." Algumas pessoas contam que foram recebidas por muitos grandes mestres budistas e por seres compassivos como o bodhisattva Kannon.

Isso é seguido por orientações e explicações sobre o outro mundo, durante o qual tais seres mostram a eles o Reino Astral da quarta dimensão. A fim de convencê-los de que eles se tornaram, de fato, um espírito do outro mundo, são levados a todos os tipos de lugares. Isso é algo que cada um tem que ver e experimentar por si mesmo.

Desta forma, depois de passar um tempo ao redor da entrada deste mundo ao outro, a pessoa consegue subir gradualmente através das dimensões para o lugar ao qual ela originalmente pertence. Primeiro elas sobem para a quinta dimensão, onde vivem por um tempo com seus velhos conhecidos, depois gradativamente se elevam para o seu mundo de origem.

As pessoas que alcançaram a verdadeira iluminação, no entanto, não passam por esse processo e às vezes sobem diretamente para onde pertencem. Há quem consiga isso.

O Espelho Refletor da Vida, que mostra o passado

No caso das pessoas comuns, elas atravessam o Rio Sanzu, mas, depois disso, torna-se necessário decidir para onde elas devem ir após a morte. É claro que aqueles que caem diretamente no Inferno estão fora de conversa, mas as pessoas comuns vão para um mundo espiritual que fica entre o Céu e o Inferno, uma espécie de extensão deste mundo, onde ficam até que se conclua o acerto de contas da vida. Como é bastante dito, lá, elas veem uma tela, onde é exibido o seu passado. Quando digo tela, estou simplesmente adotando a terminologia moderna, a palavra "tela" não existia nesse contexto até a invenção do cinema ou dos vídeos, antigamente era referida como um espelho que mostra o passado.

Antigamente, materiais como o vidro eram referidos como cristal, então esse espelho que exibe o passado é às vezes chamada de "Espelho de Lápis-lazúli e Vidro Quebrado", embora no geral as pessoas que vivem no outro mundo dizem que utilizam mais o termo, "Espelho Refletor da Vida". Esse é um espelho que mostra todo o mal, todas as coisas ruins que uma pessoa fez em vida.

Ele se assemelha a um espelho ou uma tela, em torno do qual os conhecidos da pessoa e os anjos que vieram guiá-la se reúnem, e no qual é exibida a história da pessoa, mostrando todos os eventos que ocorreram durante as décadas que passaram neste mundo. Em termos terrestres, a exibição dura apenas um curto período de tempo, dando a sensação de ser cerca de uma hora.

Ele mostra todos os principais eventos de sua vida, cada um dos pontos de virada, é como olhar para a apresentação de slides de sua vida. Abrange desde a infância, ensino fundamental, universidade, formatura, casamento, empregos e transferências, mostra divórcio, falência, crescimento dos filhos, até a morte de um deles, todo tipo de coisa.

Dessa forma, suas experiências de vida aparecem como tópicos, um após o outro, mostrando como você encarou cada uma dessas situações, e de que maneira pensou para superar cada uma delas. Isso é exibido visualmente: algumas pessoas veem como se estivessem se olhando em um espelho, enquanto outras como se estivessem assistindo a uma tela na qual toda a sua vida é exibida.

Neste momento, as outras pessoas nas proximidades atuam como uma espécie de júri, dando seu veredito sobre a pessoa em uma escala de três: um círculo para aprovação, um cruzado para desaprovação ou um triângulo para algum lugar entre os dois.

E essas reações vão aparecendo como imagens. Enquanto o filme da vida é exibido, é possível que a pessoa envolvida perceba pela atmosfera geral se o júri considera seu caso desesperador, se sua vida foi aceitável ou mesmo se excedeu em muito a expectativa.

Se tomarmos a média como cem pontos, alguém que tenha vivido uma vida normal receberá algo entre oitenta e cento e vinte pontos. A maioria das pessoas que entram neste trajeto são aquelas que fizeram algumas coisas ruins durante o curso de suas vidas, mas não o suficiente para serem consideradas verdadeiramente más, e que fizeram algum bem, mas nada particularmente espetacular.

Depois da pessoa ver o seu passado, o próximo passo é decidir para onde ela irá. Se virem que os resultados justificam uma curta estadia no Inferno, então a pessoa se resignará ao seu destino e ela logo partirá. Eles podem dizer algo como: "Três anos devem ser suficientes", ou "Acho que mereço pelo menos dez anos", ou "Por favor, deixe-me sair com cerca de uma semana", e dessa forma, o curso a seguir é decidido. A pessoa envolvida concordará com o veredito e seu destino será definido.

Desse modo, quando a pessoa concorda com seu veredito após assistir ao filme de sua vida, as coisas ficam mais simples, o que é muito bom. Hoje estamos acostumados com vídeos, o que torna mais fácil a nossa compreensão, mas seria um dispositivo de armazenamento que mostra um vídeo de toda a vida da pessoa.

Há também pessoas que veem toda a sua vida diante de seus olhos na hora da morte. Por exemplo, alguns montanhistas que caíram durante a escalada experimentam isso durante a queda. A queda deve durar apenas alguns segundos, mas elas são capazes de se lembrar de sua longa vida enquanto isso.

Os Espíritos Guardiões gravam o "vídeo da vida"

Os seres humanos são seres espirituais que habitam um corpo físico, e o vídeo dos seus pensamentos está sendo devidamente gravado, similar a um documentário.

Você pode achar estranho ver que você mesmo aparece nas imagens, mas pelo ângulo da câmera, pode-se considerar que esse registro foi criado pelo seu espírito guardião. É um filme que mostra o modo como as coisas aparecem do ponto de vista do espírito guardião.

Esta é uma outra função deles. Os espíritos guardiões gravam o vídeo da vida da pessoa. Eles gravam tudo, inclusive coisas que essas pessoas desgostam. Filmam as partes boas, mas também as ruins. Então quando chega a hora, exibem tudo na tela e você é julgado de acordo com esse conteúdo.

Geralmente, é assim para as pessoas comuns, embora haja também aqueles que não chegam a este ponto. Para as pessoas que adotaram o hábito da autorreflexão durante sua vida, que alcançaram uma iluminação religiosa adequada e que não estão preocupadas com a morte, pois estão cientes do que as espera, a conversa é mais rápida.

As leis físicas do mundo espiritual são diferentes das que existem neste mundo e o modo como nos movimentamos dá a sensação de estar voando em um óvni. É um pouco estranho no início, mas temos que nos acostumar com isso - embora haja indivíduos que não tenham essa necessidade.

E então, a maioria das pessoas que vão para o "Inferno mais popular" dentre aqueles existentes, o fazem depois de terem visto sua imagem refletida no Espelho Refletor da Vida, mencionado anteriormente.

Esta é uma forma de julgamento, e antigamente era presidido por Yama, o Juiz do Inferno, mas atualmente ele raramente aparece. No entanto, às vezes, há alguém de aparência assustadora sentada na exibição do vídeo da vida da pessoa, a fim de impedi-la de reclamar.

Há quem ache as coisas mais fáceis de entender se forem feitas da maneira tradicional e, para eles, aparecerá alguém que se assemelhe a Yama. Na verdade, são pessoas que atuaram como juízes, promotores policiais ou diretores de escola - pessoas que gostavam de trabalhar na educação ou qualquer tipo de profissão que envolvesse pessoas cometendo crimes. Vejo que muitas vezes esse tipo de pessoa exerce esse papel por gosto.

O responsável presente na exibição é, na maioria das vezes, alguém que exerceu uma profissão assim, sendo os juízes os mais apropriados. Quando eles são obrigados a assistir seus próprios vídeos, geralmente ficam de certo modo constrangidos, mas quando terminam de liquidar as contas, muitas vezes atuam nesse campo, pois é algo no qual eles têm aptidão.

Apesar de falarmos de Yama, seria impossível que ele cuidasse de todo o trabalho sozinho, sendo preciso um grande número de pessoas. A população é grande demais, então é necessária uma quantidade tão grande quanto a de funcionários públicos. Sem isso, não conseguem dar conta da tarefa. Desta forma, há pessoas trabalhando em uma variedade de funções. É essa a vida que se abrirá à sua frente — o futuro que espera você daqui a alguns anos ou décadas. E este é o verdadeiro mundo. Por esta razão, quero que todos vocês tenham consciência de que seu espírito guardião está gravando sua vida neste exato momento. É como se eles estivessem vendo através de um espelho e tudo se torna visível — até mesmo os pensamentos que você teve em seu coração. Tudo será revelado.

Mesmo que você esteja prestes a cometer um assassinato e acabe desistindo, se naquele momento você pensou "na verdade, eu queria matar", isso aparecerá como em uma tirinha de quatro quadros. Irá realmente aparecer. Portanto, é melhor que você tenha um bom controle de seus pensamentos também. Desse modo, tudo está à vista, até mesmo as vozes do seu coração são gravadas, e sua aparência também é registrada. As suas mudanças também serão mostradas.

Viva uma vida da qual não se envergonhe

Ainda há coisas para apresentar sobre o mundo após a morte, mas neste capítulo, discorri sobre o tema da igualdade perante a morte.

Não importa qual seja sua situação neste mundo, detendo um grande poder, seja você inteligente, rico, bonito ou não, de qualquer idade, ao partir deste mundo, todos são tratados com igualdade sob certas condições. Isso é o que é conhecido como igualdade perante a morte e tudo é exposto no "tribunal".

Depois de passar por isso, o mundo após a morte espera por você e você pode assumir que levará aproximadamente dez vezes mais tempo treinando sua alma lá do que neste mundo. Considerando esse ponto de vista, é melhor que você viva uma vida terrena da qual não se envergonhe. Termino este capítulo com esta recomendação.

NOTAS:

Pg. 32
*Período Taisho (1912–1926): Era de transição e modernização sob o imperador Taisho (Yoshihito).
Período Showa (1926–1989): Período de guerra e crescimento sob o imperador Showa (Hirohito).

Pg. 45
*Yakuza: Máfia japonesa tradicional, com estrutura hierárquica e envolvimento em atividades ilegais.

Pg. 60
*Shikoku: Uma das quatro ilhas principais do Japão. Seu nome significa "quatro países", referindo-se às antigas províncias da região. Hoje, corresponde às prefeituras de Tokushima, Kochi, Kagawa e Ehime. É conhecida pela tradicional peregrinação budista aos 88 templos, chamado Ohenro.

**Ohigan: Palavra que significa "a outra margem". Período budista celebrado em março e setembro, quando se acredita que os espíritos dos antepassados se aproximam deste mundo. As famílias costumam visitar os túmulos e fazer orações de gratidão e reflexão.

CAPÍTULO DOIS

A alma após a morte (Perguntas e Respostas)

1.
O estado da alma de uma pessoa ao se aproximar da morte

Pergunta: Qual é o estado da alma de uma pessoa quando se aproxima o momento de sua morte?

☆ ☆ ☆

Vários preparativos começam aproximadamente um ano antes da morte

Naturalmente, várias mudanças ocorrem na alma no período que antecede a partida de uma pessoa deste mundo.

Do ponto de vista espiritual, pode-se dizer que a partida de uma pessoa deste mundo é em geral determinada cerca de um ano antes do evento. É claro que, se considerarmos do ponto de vista do destino, existe uma certa previsão bem antes disso, mas o momento real da partida é determinado somente um ano que precede a morte.

Assim, os preparativos são iniciados no Mundo Celestial para receber a alma. O espírito guardião e os conhecidos da pessoa começam, aos poucos, a se preparar espiritualmente para recebê-la quando ela retornar.

Cerca de três meses antes do evento, os sinais começam a ficar evidentes. É quando chega no Mundo Celestial uma mensagem clara dizendo: "Em breve estarei de volta". Esse sinal embora não seja código Morse vem da alma da pessoa viva e começa a soar como: "Já vou retornar, vou retornar, vou retornar... bip, bip, bipiiiii..."

E cerca de um mês antes do retorno, uma parte da alma dela começa a passar por transformações. Essa parte, começa a sair do corpo físico, e a viajar entre este mundo e o próximo com frequência crescente. Quando a pessoa está dormindo ou doente, quando sua consciência superficial está fraca, ela passa a vivenciar muitas experiências no mundo espiritual. Aproximadamente um mês antes de sua morte, geralmente as pessoas estão doentes e então, enquanto estão deitadas em suas camas, passam por experiências espirituais com frequência.

Elas começam a falar sobre suas experiências, dizendo: "Eu vi vários cenários diferentes". Aos poucos começam a soltar essas palavras. Dizem também, "eu vi alguém que nunca tinha visto" ou "vi uma paisagem estranha". Isso geralmente significa que eles começaram seus preparativos para ir para o outro mundo e é a prova de que sua alma já começou a ir e vir, para lá e para cá.

Por fim, são três dias antes da morte que o dia e a hora ficam claras. Quando faltam três dias, as coisas ficam bastante precisas. Neste momento, o "manual" para receber a alma no Mundo Celestial já está pronto, e o modo de fazê-lo está tudo praticamente decidido. Então, só resta esperar que a pessoa dê seu último suspiro.

Há muitas coisas que seguem depois que a pessoa falece, mas o estado que precede a morte é assim.

2.
O que acontece com a alma humana após a morte?

Pergunta: O que acontece com a alma de uma pessoa depois que ela morre?

☆ ☆ ☆

A situação da alma até ela deixar o corpo

No momento da morte, a alma se sobrepõe ao corpo físico.

Mesmo sob um olhar espiritual, pode-se ver que a alma se estende por no máximo um ou dois centímetros além dos limites do corpo, criando a impressão de fotografias sobrepostas, estando praticamente uma em cima da outra.

Mesmo que o coração do corpo físico pare e as ondas cerebrais deixem de funcionar, isso ainda não significa a morte no seu verdadeiro sentido. Nessa hora, a alma ainda permanece dentro do corpo. Na maioria dos casos, demora entre um e dois dias até a alma deixar o corpo.

No Japão, existe o costume de realizar um tipo de velório na noite em que uma pessoa morre e o corpo não pode ser cremado antes disso. A razão pela qual o corpo não pode ser cremado é porque a alma ainda não se desvinculou dele e, tradicionalmente, é sabido que não se pode cremar o corpo físico enquanto a alma não tiver se separado dele.

O que aconteceria se o corpo fosse cremado enquanto a alma ainda estiver dentro dele? Você pode entender isso pensando no que aconteceria se você fosse queimado em um crematório agora. Haveria um medo avassalador. Você seria colocado sob um calor escaldante e seria devastado pelo medo, seu rosto ficaria distorcido e você se debateria dentro do caixão. De fato, parece que existem pessoas que voltam à vida dentro do crematório.

Dessa forma, pessoas que são cremadas imediatamente após a morte, passam por grandes sufocos e sofrem. Por esta razão, o corpo não é cremado logo, deixando-se um intervalo de tempo. Durante esse tempo, a alma gradualmente deixa o corpo, como uma ninfa de cigarra deixando sua casca. Primeiro, a parte superior da alma se levanta e em seguida, gradativamente, toda a alma se afasta do corpo e flutua no ar.

Neste momento, a alma ainda está conectada ao corpo por um fio que sai da parte de trás da cabeça. É aquilo que chamamos de cordão de prata. Enquanto ele permanecer conectado, a pessoa ainda não estará totalmente morta, mas eventualmente ele irá se romper. É essa a hora que caracterizará a morte de fato.

Deixando este mundo para o mundo póstumo

Depois disso, a alma permanece na Terra e assiste ao seu próprio velório e funeral e, em seguida, acompanha o corpo até o crematório, onde vê a si mesmo sendo cremado. É quando vê a própria fotografia exposta no altar fúnebre e chega a perceber: "parece que eu morri".

Cada pessoa tem um espírito guardião e nesse momento, esse espírito vem buscá-la. O espírito guardião desce ao seu encontro e pacientemente explica que ela agora está morta, que é hora de abandonar seu apego à Terra e, então, a conduz para onde está destinada a ir. Existe esse tipo de orientação.

Nesse lugar, em geral, encontram-se familiares ou amigos que faleceram antes dela. Eles, com lágrimas nos olhos, compartilham diversos episódios do passado e como veteranos, passam a explicar como as coisas são no mundo póstumo.

Após isso, como primeiro passo, a alma passará

por um aprimoramento em um mundo habitado por pessoas que acabaram de deixar a Terra, onde fará um treinamento para se acostumar com a vida sem o corpo físico.

Depois de alguns anos, a alma gradualmente retorna ao mundo em que se encontrava antes de nascer neste mundo. Quando isso acontecer, um outro espírito mentor virá buscá-la e levá-la.

Este é o processo geral que as pessoas seguem após a morte.

3.
Sobre a idade no mundo após a morte

Pergunta: Quando uma pessoa morre, ela mantém a idade que tinha no momento da morte? Os bebês continuam bebês e os idosos continuam idosos?

☆ ☆ ☆

Cerca de três anos após a morte, pode-se adotar a aparência da idade que desejar

É claro que as pessoas possuem consciência de quando morrem. No entanto, a grande maioria das pessoas que morrem são idosas, portanto, se mantivessem a mesma consciência que possuíam quando morreram, o outro mundo se tornaria um "Céu dos Idosos".

Essa seria uma imagem diferente daquela que temos do Céu. Lá estaria cheio de casas de repouso e, embora eu não ache que isso seja algo ruim, é verdade que isso é diferente da imagem do céu que comumente se acredita existir.

O fato é que, depois que uma alma deixa a Terra, ela passa por um período no qual se desfaz de seus atributos terrenos. Isso difere de pessoa para pessoa; algumas são capazes de terminar esse processo rapidamente, há aquelas que levam cerca de três dias e outras que estão prontas para retornar diretamente ao mundo de onde vieram originalmente. Geralmente, no entanto, leva cerca de três anos. Durante esses três anos, elas passam por um treinamento em algum lugar para se livrar das impurezas do mundo terreno.

É quando elas passam a conhecer a essência da sua própria alma. Depois disso, seus espíritos guardião e guia ensinam-lhes o que significa ser uma existência espiritual. Eles ensinam que, no mundo espiritual, é possível mudar a própria aparência e forma conforme a vontade, permitindo-lhes experimentar isso por si mesmos e, assim, aprendê-lo. Por exemplo, até mesmo as roupas: se eles pensarem em usar um determinado estilo, o simples ato de pensar fará com que essas roupas apareçam. Esse tipo de coisa é ensinado por meio de experiência própria e em média leva cerca de três anos de tempo terrestre para aprender.

Ao passar por isso, cada pessoa consegue assumir a aparência que lhe agrada. As pessoas que preferem parecer de idade assim o fazem, enquanto aquelas que gostam de parecer jovens, permanecem com a aparência jovem.

A alma da criança vai se tornando adulta no Mundo Celestial

Abordando sobre a alma dos bebês, naturalmente, se eles morreram bebês, eles retornarão ao outro mundo com a consciência de um bebê. Então, eles não conseguem compreender o significado de que eles partiram do mundo terreno. Por isso, existem espíritos no Mundo Celestial que estão passando por um aprimoramento da alma por meio da criação de filhos. São mulheres que nunca tiveram filhos enquanto viveram na Terra. Essas mulheres não conseguiram completar seu treinamento na Terra, então muitas vezes fazem esse aprimoramento da alma depois de retornarem ao próximo mundo, ou seja, o Mundo Celestial.

Essas mulheres que nunca criaram filhos recebem as almas desses bebês e depois passam o equivalente a cerca de vinte anos terrestres criando-as ou amadurecendo-as até a idade adulta. É o tempo que um bebê levaria para se tornar adulto. Tem gente que faz esse tipo de trabalho.

O mesmo vale para as almas de pessoas que morreram na infância. No Mundo Celestial há o equivalente a creches, escolas fundamentais 1 e 2, onde professores instruem as almas das crianças por um determinado período, até que elas atinjam a idade adulta. Eles ensinam às crianças aquilo que não conseguiram aprender neste mundo e as orientam para que alcancem a idade adulta.

Embora você tenha liberdade para escolher sua idade no mundo espiritual, há um período de preparação para se atingir a idade desejada e, para a maioria das pessoas, é de cerca de três anos.

No dia em que Konosuke Matsushita* faleceu, sua alma veio me visitar por volta das dez e meia da noite do mesmo dia. Falei com ele por cerca de dez minutos, depois ele retornou direto ao Reino dos Brahmas**. Ele voltou diretamente para lá, sem fazer nenhuma parada. Existem almas assim.

Se uma pessoa já tinha algum conhecimento sobre o mundo espiritual enquanto estava na Terra, ela não necessita passar por um longo período de autorreflexão após a morte. Esse tipo de pessoa consegue retornar naturalmente ao mundo de onde veio originalmente.

4.

O que acontece com a alma de quem cometeu suicídio?

Pergunta: A alma das pessoas que cometem suicídio vai para o Inferno? Se sim, o que eles têm que fazer para retornar ao Mundo Celestial?

☆ ☆ ☆

Muitas vezes, os espíritos suicidas se tornam espíritos presos à Terra

É verdade que, em princípio, as almas dos suicidas são incapazes de ascender ao Céu.

Quando uma pessoa tira a própria vida sem ter cumprido sua missão, geralmente não consegue entrar no Céu, mas na verdade, é mais comum que ela não consiga nem mesmo entrar no Inferno.

Em vez de irem para o Inferno, elas permanecerão nesta terra, em um espaço específico, como o local onde cometeram suicídio. Em outras palavras, elas muitas vezes se tornam espíritos aprisionados à Terra. Se elas não se tornarem espíritos aprisionados à Terra, geralmente irão até seus familiares ou parentes. Por isso, muitas vezes procuram permanecer no lugar onde viveram suas vidas.

Leva muito tempo para que essas pessoas alcancem a iluminação. Varia um pouco de pessoa para pessoa, mas, pode-se dizer que não é algo que se alcance tão facilmente. Mesmo o mais rápido deles, muitas vezes, leva vários anos.

As condições necessárias para que um suicida possa entrar no céu

Apesar do que acabei de dizer, seria errado supor que é impossível que todos os suicidas entrem no Céu; há certas exceções. Por exemplo, há vários casos entre os artistas que conseguiram fazê-lo.

Se olharmos para os escritores japoneses, há Takeo Arishima, que era membro do grupo Shirakaba e que agora retornou ao Reino dos Bodhisattvas. Embora tenha cometido suicídio, ele veio à Terra com uma missão e sua vida tinha sido dedicada à divulgação do humanitarismo. O escritor, Yasunari Kawabata, também foi diretamente para o céu.

Desta forma, há pessoas que conseguiram retornar ao Céu, mas é verdade que muitas permanecem presas no Inferno. E é uma aposta sobre o que acontecerá com você ao cometer suicídio, portanto é melhor não fazer isso. No caso das pessoas comuns, se cometerem suicídio, geralmente não poderão entrar no Céu.

Há duas maneiras pelas quais uma pessoa que comete suicídio pode entrar no Céu. Uma delas é quando a própria pessoa toma consciência de sua situação e desperta. Se a pessoa estiver ciente do outro mundo e se arrepender de seu próprio erro, ela será capaz de retornar ao Céu.

A segunda é quando a pessoa é extremamente abençoada pela boa sorte e surge alguém que a orienta. Essa pessoa pode aparecer entre os parentes vivos do suicida ou pode ser um de seus amigos vivos. Ou, se durante sua vida passada ela acumulou méritos, então mesmo que tenha tirado sua própria vida, desta vez, alguém do mundo celestial, com quem tinha um vínculo, pode vir salvá-la casualmente. Essa pessoa pode orientá-la com dedicação, e assim, com a ajuda externa, ela vai se iluminando.

Portanto, para que esse poder funcione para você, é necessário que você tenha acumulado virtudes em algum lugar do passado. Nada pode ser alcançado sem virtude.

A maioria das pessoas que cometem suicídio são egoístas. Pensam apenas em si mesmas e, quando não conseguem ver nenhuma esperança em seu futuro, jogam suas vidas fora, acreditando que tudo acabou. Não pode ser assim. As condições para que uma pessoa que cometeu suicídio retorne ao Céu são quase exatamente as mesmas que as das pessoas comuns. No entanto, no caso de uma pessoa que se suicidou, as dificuldades são maiores porque a forma como morreu foi muito trágica.

5.
Culto memorial aos espíritos perdidos devido a guerras ou terremotos

Pergunta: Quando um grande número de pessoas morre de uma só vez devido a guerras ou terremotos, é permitido realizar cultos para os espíritos perdidos daquela região? Além disso, quão eficaz isso é para a purificação da região?

☆ ☆ ☆

Requer muita energia para cultuar um grande número de almas

Nesse caso existe uma prática budista, na qual mil monges oferecem culto memorial. Quando você está lidando com um distrito inteiro, a escala é tão grande e há tantos espíritos que se torna difícil para apenas um condutor realizar o culto. Assim, mil monges se reúnem para entoar os sutras.

Em essência, é necessário fortalecer o poder da mente. É impossível alcançar esse objetivo a menos que juntemos nossas mentes coletivas. Por isso é realizado por um grande número de pessoas.

Por exemplo, no caso de uma tragédia como o Grande Terremoto de Hanshin (que afetou as áreas de Osaka e Kobe, em 1995), quando um número extremamente grande de pessoas morre, elas não ascendem facilmente ao Céu.

Além disso, a alma não ascenderá facilmente se oferecer o culto apenas uma vez, isso não será suficiente. Pessoas diferentes mantêm diferentes graus de apego ou ressentimentos e, portanto, a quantidade de oração necessária para que elas ascendam ao Céu varia de pessoa para pessoa.

Mesmo que alguém morra em um desastre, como um terremoto, se essa pessoa acreditava no outro mundo — por exemplo, se acreditava nos ensinamentos da Happy Science — provavelmente logo será capaz de ascender ao Céu. E estará bem.

Por outro lado, as pessoas que não tinham absolutamente nenhuma crença na religião ou no outro mundo quando estavam vivas, e que negaram sua existência, não irão entender o que aconteceu ao morrerem em um desastre, como um terremoto; portanto, levarão algum tempo até ascender ao Céu. As pessoas que negaram a verdade da religião ou a existência do próximo mundo enquanto estavam vivas, ao morrerem repentinamente, tendem a vagar próximo à superfície terrestre por uns 3 anos devido aos seus apegos às suas vidas passadas.

Elas ficarão confusas e incapazes de compreender sua situação e, mesmo que um Espírito Guia apareça, ele terá dificuldade em guiá-las. Isso também é verdade para os acidentes de trânsito; a morte ocorre de forma tão repentina que as pessoas envolvidas são incapazes de compreender o que aconteceu.

As pessoas com conhecimento sobre assuntos religiosos são capazes de ascender ao Céu relativamente rápido após a morte, mas as pessoas que nada entendem sobre tais questões, muitas vezes, permanecem no mesmo estado em que morreram por vários anos.

As pessoas que demoram a alcançar a iluminação permanecerão como estão por muito tempo, mas depois de cerca de cinquenta anos, até elas começarão a perceber que algo está errado. Em média, as pessoas permanecem na Terra por cerca de três anos após morrerem, mas algumas podem levar até cinco, dez ou até vinte anos. No geral, porém, depois de 50 anos, a maioria das pessoas sente que pode simplesmente esquecer o assunto.

Mais de cinquenta anos já se passaram desde o bombardeio de Tóquio durante a Segunda Guerra Mundial, então, acredito que podemos considerar que, em relação às pessoas que morreram naquela época, todas tenham conseguido ascender ao Céu.

Pessoas que retornam ao reino celestial após uma morte inesperada reencarnam rapidamente

Aquela pessoa que se sente frustrada por ter tido uma morte inesperada no meio da vida, costuma reencarnar rapidamente como uma forma de recomeçar a vida, caso ela tenha retornado ao Mundo Celestial. Dessa forma, as pessoas que não conseguiram viver plenamente, geralmente reencarnam mais rápido, desde que não estejam sofrendo no Inferno.

Há muitos exemplos de pessoas que se enquadram nesta categoria: as que morreram na infância, as que morreram pouco depois do casamento, as que morreram no meio de um empreendimento, as que morreram quando as coisas estavam prestes a correr bem para elas, as pessoas que deixaram as coisas inacabadas e estão cheias de arrependimento. Essas pessoas cujas mortes não foram levadas em conta em seu plano de vida original reencarnam muito rapidamente quando retornam ao Mundo Celestial. As pessoas que anseiam por outra chance de realizar seus planos geralmente retornarão à Terra dentro de dez ou vinte anos. É assim que funciona.

Entre aqueles que morreram durante as tragédias como no Bombardeio de Tóquio são muito poucos os que ainda vagueiam pela terra e acredito que não haja mais quase ninguém. Afinal, com tantos edifícios modernos se erguendo ao redor, se a alma ainda não entendeu o que lhe aconteceu, então ela é de extrema teimosia. Pode haver alguns agarrados aos cemitérios, mas a grande maioria retornou ao Mundo Celestial ou está no Inferno.

No caso dessas pessoas que retornaram ao Mundo Celestial, acho que uma grande porcentagem deve ter renascido durante o baby boom após a guerra, na década de 1960. Se você sente pena das pessoas que morreram no Grande Terremoto de Hanshin, talvez, cerca de vinte anos após o desastre, seja melhor incentivar novos nascimentos. Pode haver pessoas que pensam: "Quero recomeçar a vida para construir uma bela cidade de Kobe." Acredito que essas pessoas renascerão. Existe este tipo de pensamento também.

Cultos memoriais para purificar a área são realizados até cerca de três anos após a morte

Como afirmei anteriormente, uma maneira de purificar uma área é realizando um culto memorial com a presença de 1.000 sacerdotes. No entanto, quando digo mil sacerdotes, este é apenas um número simbólico; podem ser quinhentos, trezentos ou mesmo cem sacerdotes. Mas se um certo número de sacerdotes se juntar para oferecer um culto, será possível purificar a área espiritual.

No entanto, as pessoas que morrem de forma relutante não conseguem retornar ao Mundo Celestial até que um certo período de tempo tenha passado. Sem a compreensão e aceitação de seu estado atual, mesmo que um Espírito Guia do outro mundo venha ajudar, a pessoa morta não o seguirá prontamente para o próximo mundo. Elas ainda estão apegadas a este mundo e, em muitos casos, leva muito tempo até que consigam se conformar com essa situação, até certo ponto.

No caso de pessoas que morreram em um terremoto, o tempo parou para muitas delas no momento de sua morte, mas ao observarem a cidade sendo reconstruída, elas são gradualmente capazes de compreender o que aconteceu. À medida que a cidade vai se recuperando e voltando à normalidade, elas vão despertando gradualmente, mas isso leva algum tempo.

Como resultado, o melhor momento para realizar cultos para eles é antes do terceiro aniversário de sua morte, e depois disso você deve se dedicar à criação de uma Utopia na Terra, pois isso os ajudará mais. Este é um método que pode ser usado.

6.
A importância de pregar para aqueles que não acreditam no outro mundo

Pergunta: A pregação da Verdade Búdica àqueles que não creem no Outro Mundo ajuda essas pessoas a perceberem mais cedo a existência do Mundo Celestial depois de morrerem? Por favor, explique o significado de pregar para essas pessoas.

☆ ☆ ☆

Ter conhecimento do outro mundo ajuda a perceber a realidade após a morte mais rapidamente

Ao guiar o espírito de uma pessoa falecida, é melhor que essa pessoa possua uma crença no Outro Mundo, mas mesmo que não acredite, ter algum conhecimento sobre ele, já ajuda bastante. Pessoas sem nenhum conhecimento disso são as mais inflexíveis e difíceis de lidar.

Por exemplo, mesmo que alguém diga: "Eu não acreditava, mas minha esposa acreditava com fervor", ou "Eu mesmo não acreditava, mas meu filho acreditava muito", ou ainda "Eu não acreditava, mas meus avós costumavam falar muito sobre isso". Assim, só o fato de ter esse conhecimento poderá perceber rapidamente o que aconteceu após a morte e pensar: "Então, talvez fosse verdade, afinal." O melhor é quando a pessoa não apenas acredita, mas que tenha alcançado um nível de fé mais profundo; mas, mesmo que não chegue a esse ponto, se a pessoa tiver algum conhecimento sobre o outro mundo, mesmo superficial, torna-se extremamente fácil guiá-la.

Não há nada tão difícil como tentar orientar alguém que não tem conhecimento algum. Se você tentar persuadir alguém neste mundo e não obtiver sucesso, será exatamente a mesma coisa no outro mundo. Pessoas obstinadas mantêm sua obstinação.

Não importa o quanto lhes digamos, elas permanecem incapazes de compreender que estão de fato mortas. Mesmo que lhes digam "Você já morreu", elas não entendem. A fim de tentar ajudá-las a entender, o Espírito Guia perguntará: "Você comeu algo recentemente?" e o espírito responderá: "Pensando bem, faz anos que não como nada".

Todos vocês devem estar se perguntando por que eles não tinham percebido isso antes. Se você não comer nada por um dia, passará por um sofrimento doloroso. Depois de uma semana, a pessoa sentirá como se fosse morrer, no entanto, esses espíritos não comem há anos. Eles são capazes de sentir a passagem do tempo, mas ainda acreditam que estão vivos e não percebem isso. Quando lhes perguntam quando comeram pela última vez, percebem pela primeira vez que algo estranho lhes aconteceu.

Este nível está bem próximo do nível médio. Quando falo com eles, fico chocado ao descobrir que esse é o nível de sua compreensão. Ou, mesmo quando lhes dizem: "Você é um fantasma agora", eles insistem: "Não diga bobagens, eu estou vivo e cheio de energia. Estou até conversando com você". Se dissermos: "Se acham que é mentira, coloquem a mão no seu peito". E quando eles colocam a mão, ficam chocados ao descobrir que a mão atravessa o seu peito. "Pode uma pessoa viva passar a mão no peito dessa maneira?" "Não, claro que não, não seja ridículo." Quando lhes perguntar: "Então, por que você conseguiu passar a mão no peito?", eles pensam um pouco e depois dizem: "Talvez eu seja um fantasma, afinal".

Este é o nível em que eles estão. Eles vivem no outro mundo há algum tempo sem conseguir perceber que são habitantes daquele mundo. Este é o nível normal de compreensão.

Primeiro adquira o conhecimento, depois tenha Fé

Em regiões onde a religião está mais difundida como em países cristãos, talvez as pessoas possam compreender sobre o que lhes acontece com mais facilidade. Entretanto, no caso dos japoneses, muitas vezes eles são mais comedidos ou têm uma maneira ingênua de pensar. Além disso, as pessoas que estavam satisfeitas financeiramente em vida têm dificuldade em compreender essas coisas após a morte, então pode-se dizer que a prosperidade econômica tem seu preço.

No entanto, mesmo neste nível básico ainda é melhor.

Pode parecer estúpido ter que dizer coisas como: "Você não come há mais de uma semana, então você deve estar morto", ou "Se você pode atravessar paredes ou de repente conseguir voar no céu, você deve dizer a si mesmo que algo está estranho. É difícil acreditar que está vivo". Mas, se você não falar nesse tipo de linguagem, eles não serão capazes de entender o que aconteceu com eles. No caso dos espíritos aprisionados à Terra ou espíritos errantes, se você não falar com eles neste nível, nada vai funcionar.

"Aqui é onde sua casa estava, mas olhe para isso, ela foi queimada e apenas um único poste da estrutura permanece de pé. Você estava dentro desta casa. Você realmente acha que poderia ter escapado ileso quando a casa foi totalmente destruída dessa forma? Não há telhas, nem paredes, nada. Se a casa queimou tanto assim, como o corpo poderia sobreviver sem ser queimado?

"Mesmo um bife, se você fritar demais, ele vai ficar queimado até virar um pedaço de carvão. Isso significa que a mesma coisa deve ter acontecido com você, um daqueles pedaços de carvão por aí seria você. "Então o que sou eu?" "Isso é você sem seu corpo". As pessoas que não conseguem entender geralmente argumentam neste nível. Não importa se morreram de doença ou acidente, são todos iguais. Há pouco que pode ser feito por eles. O importante é começar a adquirir conhecimento, mesmo que seja superficial. Depois de ter adquirido um pouco de conhecimento, você pode aprofundá-lo até certo ponto, até alcançar a fé. Assim, o processo após a morte se torna mais rápido.

Por essa razão, se um membro da Happy Science morresse em algum desastre natural, teria uma jornada mais rápida após a morte. Provavelmente, em cerca de um dia após sua morte, estaria ascendendo ao Mundo Celestial. Acredito que quando o guia vier recebê-los, eles apenas dirão: "Muito obrigado", e irão ascender ao Céu.

Se a fé de alguém for superficial, pode sofrer com a ideia de querer viver mais. Portanto é difícil de dizer, mas se a pessoa for suficientemente iluminada, ela deve ascender rapidamente. Gostaria que todos os membros de nossa instituição se perguntassem em que categoria vocês pertencem.

7.
Pensamentos sobre a morte cerebral

Pergunta: Eu gostaria de doar meu fígado e outros órgãos para pessoas que precisam deles depois que eu morrer. A ciência médica considera uma pessoa morta quando seu cérebro deixa de funcionar, mas como devo pensar nisso do ponto de vista da Verdade Búdica?

☆ ☆ ☆

A morte ocorre quando o cordão se rompe

A ciência médica moderna considera que a morte encefálica ocorre quando as ondas cerebrais de uma pessoa param (parada total e irreversível da função cerebral). Fisicamente, isso é sem dúvida verdade, mas na realidade, a essência de uma pessoa é a alma que reside dentro do corpo e é somente depois que essa alma deixa o corpo que se pode dizer que ela está verdadeiramente morta. Se a alma ainda permanece dentro do corpo, não se pode dizer que houve morte. Enquanto a alma ainda está dentro do corpo, é como se encontrasse num estado semelhante ao sono, somente quando a alma se separa do corpo é que ocorre a morte no seu verdadeiro sentido.

Geralmente leva cerca de um dia para a alma deixar o corpo.

Quando uma pessoa morre, um velório é realizado para ela e isso é feito para ganhar tempo antes que a alma deixe o corpo. Se um corpo for cremado imediatamente após a morte, a pessoa não perceberá que morreu, e por acreditar que ainda está viva, pode causar grandes problemas. Por esta razão, não deve cremar um corpo imediatamente e, assim, um velório é realizado durante a noite.

O morto verá as pessoas reunidas vestindo roupas pretas e chorando, e ao ver sua própria foto sendo exposta, ele começa a se perguntar se de fato está morto. Uma vez que ele começa a perceber isso, sua alma gradualmente começa a se separar do corpo. A morte ocorre quando a alma se separa completamente do corpo.

A alma e o corpo estão conectados um ao outro por um cordão de prata e quando isso se rompe, ocorre a morte no seu verdadeiro sentido. Até que este cordão de prata tenha sido completamente rompido, a pessoa ainda não está morta.

Enquanto o cordão de prata ainda não estiver rompido, a consciência do corpo é transmitida à alma.

Quando esse cordão se rompe, não importa o que seja feito ao corpo, a alma não sentirá nada, no entanto, se ainda estiver conectado e algo for feito ao corpo, a alma sentirá isso. Mesmo que a pessoa possa parecer morta, ela ainda será capaz de sentir.

Portanto, se o fígado, rins ou outros órgãos são removidos de um corpo depois que o cérebro deixou de funcionar, será o mesmo que enfiar uma faca no estômago de uma pessoa viva e remover seus órgãos. Você seria capaz de suportar isso? Se você disser: "Não me importo", tudo bem. Mas se você disser: "Não quero", esse será o limite. Você pode fazer sua própria escolha, mas o que se resume a isso é a dor. Você sente dor. Enquanto o cordão de prata não for rompido, sua alma experimentará a dor do corpo físico.

Se um médico remover seus órgãos assim que seu cérebro deixar de funcionar, você sentirá uma dor extremamente forte. Você vai se surpreender com a dor por um tempo. Isso é um fato. No entanto, se você está ciente de que está morrendo e está disposto a suportar a dor pelo bem das pessoas que precisam de seus órgãos, então eu acho que isso é algo bom também.

O ideal é que os órgãos sejam removidos um dia após a morte, mas dessa forma, eles ficarão envelhecidos e o receptor do transplante não será salvo. Se os órgãos velhos forem usados no transplante, o receptor morrerá rapidamente. Portanto, os órgãos devem ser novos e recém-removidos. De fato, é assim que funciona. Nesse caso, quando o doador tem seus órgãos retirados, vai doer, então isso é algo para o qual você deve estar preparado.

Os órgãos internos têm consciência

É fato que os órgãos têm uma consciência. Um ser humano tem uma consciência centrada no cérebro, mas dentro dela há algo como consciência dos órgãos internos, ou seja, trata-se de um corpo composto.

A alma humana não é algo uniforme. Quando o feto se aloja no útero e o corpo vai se desenvolvendo, vários órgãos internos, como o coração, vão se formando, mas, dentro da alma está o núcleo que se tornará um desses órgãos. Esta parte se torna o núcleo do respectivo órgão que se desenvolve conforme as ordens e instruções dele. O coração, o intestino, o estômago e outros órgãos assumem gradualmente sua forma de acordo com os comandos do núcleo da alma.

Desta forma, a alma possui uma estrutura múltipla. É um único indivíduo, mas ao mesmo tempo é um composto de muitas coisas. No momento da morte, essas consciências dos órgãos internos também se elevam. Elas se afastam junto com a consciência total. Portanto, se o coração e outros órgãos forem removidos imediatamente após a morte, mesmo que a alma possa deixar o corpo, ela sentirá muita dor.

Quando isso acontece, se a pessoa tiver uma compreensão clara sobre a vida e a morte, que os seres humanos são existências espirituais, que é capaz de vencer a dor, então a dor eventualmente vai diminuir e finalmente desaparecer.

No entanto, se a pessoa for um materialista que doa seus órgãos acreditando que tudo termina com a morte, os resultados serão terríveis. A pessoa se contorcerá em agonia. Ela gritará de dor e sofrerá quando seus órgãos forem removidos. Na verdade, ela não precisa mais de coração, mas está fazendo um grande alarde dizendo que perdeu seu coração. Embora não devesse haver sangue, ela diz que "está sangrando". Aos olhos dela, parece que o sangue está saindo.

Depois que a alma deixa o corpo físico, ela mantém a mesma forma do corpo por um certo período de tempo. Até as meias-luas nas unhas serão as mesmas. Se você se esquecer de cortar as unhas, permanecerão com o mesmo comprimento que tinham, se você tiver cabelos grisalhos, então sua alma também terá os mesmos cabelos grisalhos. Vai ter cílios e órgãos internos; se você pressionar o peito, poderá até ouvir as batidas do coração. Mesmo como espírito, ainda existem essas coisas.

Depois de terem vivido no mundo espiritual por um longo tempo, essas partes humanas são gradualmente esquecidas e as pessoas vão se purificando como um ser espiritual, mas por dois ou três anos após a morte, o ser humano ainda sente como se tivesse órgãos internos.

É doloroso ter órgãos removidos imediatamente após a morte encefálica

Com a explicação acima, creio que deu para compreender o essencial. Naturalmente, doar os órgãos em si é um ato de amor, mas quero que você tenha consciência de que isso envolve muito sofrimento.

Além disso, há muitos casos de transplantes que não funcionam devido a incompatibilidade de consciências. Por exemplo, o fato de colocar apenas o seu fígado ou rim no corpo de uma outra pessoa, não funcionará. Pois, ocorre um conflito de consciências. Em suma, o receptor do órgão apresenta rejeição, por sentir que uma outra pessoa entrou nele. Ele rejeita, pois a alma de outra pessoa está penetrando no seu corpo.

Para eliminar isso, é absolutamente necessário que o receptor de órgãos tenha um coração grato, "um sentimento de gratidão". É necessário também orar com toda a dedicação àquela pessoa que doou os órgãos para que ela possa realmente descansar em paz. Mas, se ela estiver sofrendo e gritando de dor, isso afetará os órgãos e nesse caso não haverá harmonia entre eles. Certamente isso vai causar uma desarmonia.

Se um médico for realizar uma cirurgia de transplante, gostaria que ele estivesse ciente de todos esses fatos espirituais antes de prosseguir. Portanto, o médico deve primeiro dizer à pessoa que está morrendo: "Quando você morrer, seu órgão será transplantado para outra pessoa, mas esteja bem ciente e compreenda o que acontecerá com você nesse momento". Quanto à pessoa que irá receber o órgão, deve dizer: "Embora este seja um órgão, a consciência dele é diferente da sua, portanto, agradeça e se esforce ao máximo para entrar em harmonia com ele". Não dará certo se não fizer isso. Assim, se o doador estiver preparado para a dor que irá sentir, quando o órgão for removido em um estágio em que a função cerebral cessar, isso já seria o suficiente.

Tenho certeza de que alguns de vocês devem ter ficado horrorizados ao ler o que escrevi nesta seção, mas eu só falei a verdade. Uma vez que você está morto, é tarde demais para mudar de ideia. Mesmo que você grite "Espere um pouco!", ninguém será capaz de ouvi-lo. Eu só quero que você esteja ciente do fato de que é muito doloroso ter seus órgãos removidos.

O mesmo pode ser dito quando se trata de queimar

o corpo no crematório. Se o corpo for queimado imediatamente após a morte, por razões como "estou muito ocupado" ou "meu apartamento é muito pequeno para deixá-lo", a pessoa morta não retornará tão facilmente ao Céu. Você deve deixar o corpo por pelo menos um dia. Durante esse período, fazer tudo o que puder para persuadir a alma da pessoa morta a ir direto para o Céu. Você deve dizer-lhe para não permanecer na terra ou possuir outra pessoa. Isso é muito importante.

NOTAS:

Pg. 86
*Konosuke Matsushita (1894–1989): Empresário japonês e fundador da Panasonic. Foi um dos grandes nomes da indústria no Japão do século XX.

**Brahma(s): Estado mais elevado de iluminação no Reino dos Bodhisattvas, alcançado por almas de grande sabedoria e compaixão. Situa-se entre o Reino dos Bodhisattvas e o dos Tathagatas, correspondendo à sétima ou oitava dimensão espiritual.
Obs.: Não confundir com Brahmā, o deus criador do hinduísmo.

CAPÍTULO TRÊS

As Questões da Morte Cerebral e do Transplante de Órgãos

1.
Como religioso que conhece a verdade, apresento o verdadeiro argumento

Em 1997, a Dieta Japonesa debateu se a morte encefálica (cerebral) deveria ser considerada a definição de morte e se o órgão poderia ser transplantado quando o doador estivesse em morte encefálica. Esse debate foi retomado pela imprensa e se tornou um tema de ampla discussão. No entanto, a maioria dos que participaram estava do lado dos médicos que queriam promover transplantes de órgãos, e havia muito pouca contribuição do mundo religioso.

Os transplantes de órgãos são um tema muito moderno e não se pode negar que é um tema difícil para as religiões, que foram fundadas em tempos antigos. Além disso, a maioria dos japoneses, hoje, não acredita no outro mundo ou na existência da alma. Eles podem ter uma crença subconsciente neles, mas na maioria dos casos, não se pode dizer que acreditam em um nível consciente e este é o problema.

Como religioso sinto que é meu dever dar minha opinião. Esta é a opinião de alguém que conhece a Verdade, e pretendo expô-la de forma correta, sem me deixar influenciar por aquilo que a maioria da população possa pensar.

2.
Qual é o real significado da morte?

Yuinoron (Cerebralismo) é uma Nova Forma de Materialismo

Quando se discute os problemas da morte encefálica e dos transplantes de órgãos, costuma-se dizer que "morte encefálica é a definição médica de morte", mas penso que as pessoas devem se perguntar se há diferença entre as definições médicas e religiosas de morte.

"Existem dois tipos de morte? Ou ambos se resumem à mesma coisa? Ou será que uma das formas de pensar captura apenas um dos lados da verdade?" É isso que eu gostaria de discutir agora.

Em primeiro lugar, gostaria de começar por analisar o aspecto ideológico. Desde a vitória do Ocidente na Guerra Fria durante os anos noventa, a ideologia do "materialismo" que se baseava no marxismo entrou em declínio. Simultaneamente, porém, sinto que o materialismo que varreu o Japão após a Segunda Guerra Mundial voltou a erguer a cabeça, embora com uma roupagem diferente.

Isso é Yuinoron (Cerebralismo), uma crença no fato de que "a parte essencial do homem é o cérebro. O cérebro representa a essência da pessoa, então quando o cérebro deixa de funcionar, essa pessoa está morta." Isso pode ser descrito como uma reinterpretação da teoria de "L'homme-machine" de Mettrie.

Esse tipo de materialismo médico, que talvez devesse ser chamado de marxismo médico, tomou o lugar do materialismo de Marx para se tornar o novo materialismo. Portanto, deve-se dizer que, quando a lei de transplante de órgãos estava sendo debatida na Dieta, ela refletia a batalha entre o materialismo e a crença religiosa sobre o próximo mundo.

A Alma é a Verdadeira Essência do Ser Humano

Na medicina, a morte do cérebro é tratada como sendo a morte da pessoa. Quando o cérebro deixa de funcionar, essa pessoa se torna um corpo morto, mas isso é realmente verdade? Vejamos.

Tenho sido ativo como religioso por mais de uma década e mais de vinte anos se passaram (em abril de 2004) desde que minha consciência se abriu pela primeira vez para as questões espirituais, permitindo-me falar com aqueles que deixaram este mundo e agora vivem como seres espirituais.

Durante esse período, publiquei muitas coleções de mensagens espirituais. Peguei as ideologias dos espíritos de pessoas que eram famosas na Terra quando estavam vivas e as publiquei em forma de livros.

Uma coisa que essa vasta experiência me ensinou é que as pessoas não pensam com o cérebro. As pessoas que morreram e foram cremadas continuarão a possuir as mesmas particularidades e ideias que tinham na vida e continuarão a desenvolver suas ideologias individuais. É fato indiscutível que, mesmo após a morte, as pessoas mantêm essa capacidade. Isso é algo que eu sei ser a verdade.

As pessoas não pensam com o cérebro. O cérebro funciona como um computador e é capaz de organizar as coisas, ou seja, é como a sala de controle do corpo. É por isso que as pessoas cujos cérebros, cujas "máquinas" organizacionais, apresentam áreas danificadas acabam se tornando incapazes de transmitir seus pensamentos ou ideologias aos outros ou de se expressar fisicamente. Mas, isso não quer dizer que, de forma alguma, só porque essa faculdade é deficiente, eles perderam a capacidade ou a vontade de pensar.

Acho que esse é o argumento mais básico contra a morte encefálica. Ou seja, os seres humanos possuem um centro de pensamento ao lado de suas almas e corpos espirituais.

Isso é algo que não se altera, independentemente de seus corpos permanecerem vivos ou não. A alma é a verdadeira forma da pessoa, enquanto o corpo nada mais é do que um veículo para carregá-la.

É como se o corpo fosse um automóvel e a alma o motorista; só porque o automóvel quebra, isso não significa que o motorista está morto. Quando um automóvel quebra e não é mais capaz de se mover, pode parecer à primeira vista que o motorista deixou de funcionar, mas isso não tem nada a ver com sobrevivência do motorista. A relação entre a alma e o corpo é muito parecida com isto.

No estado de morte encefálica, a alma ainda tenta permanecer viva

Quando um médico anuncia que o cérebro deixou de funcionar e que a pessoa está oficialmente em morte encefálica, o que acontece com a relação entre a alma e o corpo? Quando ocorre a morte encefálica, a alma ainda está totalmente ligada ao corpo. O coração ainda está trabalhando, o sangue circula; nas condições de um corpo aquecido, a alma ainda não saiu do corpo e faz todos os esforços para viver. Esta é a verdadeira situação.

Muitas pessoas em condição de morte cerebral são aquelas que sofreram uma lesão no cérebro como resultado de um acidente de trânsito ou algo assim. O acidente pode ter acontecido tão repentinamente que, em muitos casos, eles ainda são incapazes de compreender o que aconteceu com eles e, portanto, quando o médico de repente anuncia que eles estão mortos, a maioria deles não acredita. Mesmo que o cérebro não apresente reação, isso não quer dizer que eles não sejam mais capazes de pensar ou ouvir as palavras que são ditas por aqueles ao seu redor. Mesmo que uma alma não possua ouvidos, ela é capaz de ler os pensamentos das pessoas. Eles entendem não apenas o que os outros colocam em palavras, mas também o que pensam em seus corações.

Isso significa que as pessoas cujas doenças atingiram um estágio crítico são capazes de entender tudo o que é dito ou pensado por aqueles ao seu redor. Elas também estão bem cientes do que está sendo feito com elas.

O fenômeno da possessão que acompanha o transplante de órgãos

O problema surge quando as pessoas que não acreditam no mundo após a morte ou na existência de almas são confrontadas com a morte física. Como estão conscientes de si mesmas e são capazes de pensar, acreditam que ainda estão vivas.

As pessoas que aceitam o mundo após a morte ou a existência de almas, pessoas com uma clara compreensão da diferença entre o corpo e a alma, são capazes de entender que, embora seus corpos estejam morrendo, seu espírito continua vivo. No entanto, aqueles que são incapazes de diferenciar entre o corpo espiritual e o corpo físico continuarão a acreditar que ainda estão vivos - quando é seu corpo espiritual e não o seu corpo físico que está pensando.

Este é um ponto importante. É algo que deve ser considerado à luz da educação materialista que prevaleceu desde o fim da Segunda Guerra Mundial.

Eles ouvem seus parentes reunidos ao redor da cama, chamando-os e acreditam que ainda são capazes de respondê-los. No entanto, suas bocas não se movem e eles acham muito frustrante que seus parentes não possam ouvi-los.

Então, o que você acha que vai acontecer quando um médico aparece com um bisturi e começa a remover seu coração, fígado e outros órgãos e depois os transplanta para um paciente em espera?

Em primeiro lugar, a pessoa que está enfrentando a morte sofre um choque assustador. Isso é uma coisa. A outra é que, embora o cérebro seja vital para as funções da alma, o coração também desempenha um papel importante. É aqui que reside o verdadeiro papel do coração.

Os órgãos do corpo humano não são simplesmente objetos físicos, eles também têm consciência. Todos os órgãos têm uma consciência espiritual. Uma alma humana não é um organismo simples como uma espécie de ameba, é uma estrutura complexa composta por dois ou três níveis. Dentro do corpo espiritual unificado, existe a consciência do coração, a consciência do fígado e a consciência de todos os outros órgãos. A alma é um composto de tudo isso.

O coração é um centro espiritual que controla principalmente a vontade e as emoções de uma pessoa. Se esse coração é removido de uma pessoa antes que ela perceba o que aconteceu com ela, e depois transplantado para o corpo de outro indivíduo, é o mesmo que transplantar parte do corpo espiritual da pessoa.

Dessa forma, se o coração for transplantado antes que a pessoa admita a sua morte, isso dará origem ao fenômeno de possessão. A alma da pessoa morta é atraída para o seu coração e se move para o novo corpo, em outras palavras, ela possui a outra pessoa. Isso significa que a alma do receptor vive junto com a alma que a possuiu. Isso resulta na rejeição do corpo ao coração. No passado, houve muitos casos relatados de rejeição após transplantes de órgãos.

Além disso, as almas cuja partida para o próximo mundo foi impedida dessa maneira, muitas vezes, virarão espíritos perdidos, devido às suas queixas, insatisfações e apego a este mundo. Esses espíritos têm o poder de causar todo tipo de dano, podem fazer coisas ruins acontecerem, e a família da pessoa que recebeu o órgão sofrerá diversas formas de infelicidade. Este é um problema que, desde os tempos antigos, tem sido chamado de "maldição". Surgem os chamados "espíritos vingativos".

Esta é a situação do ponto de vista espiritual.

O que acontece com os doadores de órgãos no próximo mundo?

Gostaria agora de falar sobre o que acontece aos doadores de órgãos quando chegam ao próximo mundo.

Depois que morrem, as pessoas deixam seus corpos e viajam para o próximo mundo. Quando isso acontece, eles vão primeiro para o Reino Póstumo ou o Reino Astral, na quarta dimensão, onde são capazes de viver uma extensão de sua vida mundana, mas de forma espiritual. O próximo passo é o Reino dos Bondosos na quinta dimensão, o que é comumente referido como Céu.

Pode-se dizer que os espíritos que vivem nesses mundos da quarta e quinta dimensões são muito semelhantes aos povos da Terra. Por exemplo, se olharem para si mesmos, têm unhas nos dedos e cada unha com uma meia-lua branca em sua base. Se colocarem a mão no peito, poderão sentir o coração batendo. Eles chegaram ao próximo mundo com a mesma consciência que tinham quando estavam na Terra.

Então, o que acontecerá com alguém que teve seu coração removido imediatamente antes de sua morte? Eles terão que viver sua vida no próximo mundo com um espaço vazio em seu peito onde seu coração deveria estar. Isso os deixará emocionalmente instáveis. Eles ficarão confusos com a primeira experiência de vida no próximo mundo e enfrentarão grandes dificuldades. Alguns, entre eles, se tornarão desequilibrados.

À medida que seu tempo no próximo mundo se torna mais longo, as pessoas gradualmente se acostumam com a vida como um ser espiritual, esquecendo a vida na Terra, afastando-se dos reinos físicos e gradualmente adotando uma consciência espiritual. Quanto mais espíritos elevados eles se tornam, mais longe se afastam da consciência física e se movem para o mundo do "pensamento". No entanto, por alguns anos após a morte, os seres humanos comuns vivem no mundo espiritual de um jeito quase coexistente com a sua consciência física.

Isso significa que, o transplante de órgãos decorrente do estado de morte cerebral, como mencionado anteriormente, acaba levando a perturbações espirituais na pessoa que recebe o órgão e, mesmo que isso não aconteça, tenho que dizer que acarretará um grande obstáculo ao doador de órgãos em sua jornada para o próximo mundo.

"Corpo e espírito são indivisíveis" é correto, não o "dualismo entre o Espírito e o Corpo"

Imagino que muitos de vocês que lerão isto, pensarão: "Há várias décadas que se realizam transplantes de órgãos no Ocidente, particularmente em países cristãos, por que razão só seria um problema no Japão?"

Isso decorre da crença cristã atual no "Dualismo entre o Espírito e o Corpo". Nos países cristãos, a alma e o corpo são considerados coisas completamente separadas. Isso significa que, no Ocidente, as pessoas acreditam que o corpo é o corpo e a alma é a alma, mas os dois são independentes um do outro. Eles acreditam que o corpo espiritual é algo em que Deus fez o sopro da vida, e o corpo físico foi feito por Deus ao moldar o pó e a terra. Acreditam que, embora o corpo físico seja feito de matéria, o corpo espiritual é algo em que Deus soprou a vida, e isso se tornou a alma. O corpo e a alma são pensados como sendo totalmente separados e essa crença foi fortemente influenciada pela teoria da dualidade de Descartes.

Desta forma, as pessoas nos países cristãos acreditam que o corpo, incluindo todos os seus órgãos, é criado a partir do pó, enquanto a alma é diferente. Eles pensam que o corpo físico e o corpo espiritual são bastante desconectados um do outro, e por isso acreditam que é bastante aceitável cortar o corpo físico.

No entanto, só se pode dizer que isso demonstra uma falta de conhecimento espiritual. O corpo físico e o corpo espiritual não são uma dualidade desconexa, os dois possuem áreas sobrepostas. No budismo há um ditado que diz: "Shikishin Funi". "Shiki" (corpo) e "shin" (coração) são indivisíveis". Isso significa que o corpo e o coração não podem ser divididos e que ambos se influenciam mutuamente. Esta é uma verdade inegável.

As mudanças no corpo físico são transmitidas ao corpo espiritual e, inversamente, as mudanças no corpo espiritual também são transmitidas ao corpo físico. Quando o corpo físico está doente, o corpo espiritual pode sofrer dor, enquanto quando a alma é surpreendida ou adoecer, mudanças estranhas podem ocorrer no corpo físico.

Só se pode dizer que, no cristianismo, prevalecem teorias imaturas.

A morte ocorre quando a alma deixa o corpo

De um lado, há uma pessoa que está prestes a morrer, e do outro, uma pessoa que, se receber um transplante de órgãos, talvez ainda possa viver por alguns anos. Nesse caso, pode-se pensar que, do ponto de vista de uma comparação de valores, valeria a pena retirar os órgãos da pessoa que morrerá com certeza dentro de alguns dias e oferecê-los àquela que talvez ainda possa viver por alguns anos. Poderia haver a ideia de que se deve priorizar a pessoa que pode viver mais tempo. É claro que essa maneira de pensar é bastante lógica e, se decorre de pensamentos de amor, então o doador pode muito bem merecer elogios por seu sacrifício. No entanto, como já afirmei, na situação de morte cerebral, o corpo físico e a alma ainda não estão separados.

A morte ocorre nos seres humanos quando a alma se afasta do corpo e em nenhum outro momento. A morte não pode ser dividida em morte médica e morte religiosa; só depois que a alma deixa esse corpo é que se pode dizer que a morte ocorreu.

Há algumas pessoas cujas almas deixam seus corpos poucas horas após sua morte, mas a maioria das pessoas sente um apego a seus corpos e acha muito difícil abandoná-los. Duas ou três horas depois que o cérebro para, é comum que a alma esteja entrando e saindo do corpo físico, incapaz de se afastar.

Desde a antiguidade é costume a família se reunir para realizar um velório e depois o funeral. Isso é uma forma de dizer à alma que o corpo realmente morreu, que é hora de seguir em frente. Comumente, a partir disso, pode-se ver que por um período de várias horas a um dia, a alma permanece nas proximidades de seu corpo.

A alma está presa ao corpo por um filamento chamado cordão de prata e é somente quando este se rompe que ocorre a morte no sentido formal. Enquanto estiver ligado, a alma permanece consciente de seu corpo, e a morte, no verdadeiro sentido, não foi alcançada. Com isso, ainda resta a possibilidade de a pessoa voltar à vida. No entanto, uma vez que o cordão de prata for rompido, é impossível reviver.

Acho que a definição de morte médica de acordo com as funções corporais deve se referir à parada cardíaca, pois isso é algo que até mesmo um leigo é capaz de entender, mas o que eu quero enfatizar é que a morte, no sentido real do termo, ocorre após algum tempo depois que o coração parou.

Após a morte do corpo físico, a alma ainda não se desligou do corpo, e durante algum tempo permanece a situação em que os pais, avós ou anjos que já partiram para o outro mundo vêm buscá-la e tentam persuadi-la. Diz-se que é para isso que existem os rituais de velório e funeral.

Em suma, embora se possa pensar que, ao realizar uma operação de transplante será possível que uma pessoa viva muito mais, certamente chegar ao extremo de remover os órgãos de alguém que ainda não está verdadeiramente morto demonstra um apego bastante extremo à vida. Esta é uma forma de ganância, ou em termos modernos, um apego materialista à vida.

O apego de alguém que deseja continuar vivendo neste mundo e o de outra pessoa que não quer morrer, apesar de ter sido declarada a morte cerebral, pode levar completamente à possessão ou perturbação espiritual e isso é algo que eu quero que todos vocês estejam cientes.

Em um lugar como o Japão atual, onde o materialismo predomina, a visão de que "não existem espíritos nem outro mundo, e que a religião é superstição e absurda" é a corrente principal, mesmo que a doação de órgãos possa parecer um ato de amor, lamento dizer que isso não traz salvação real. Isso é algo que todos vocês devem saber.

3.
A medicina moderna ainda permanece em estado primitivo

Aborto causa confusão no mundo espiritual

Hoje, as pessoas olham para a medicina como antes olhavam para a religião e agora são os médicos que decidem se uma pessoa está viva ou morta. A medicina é considerada onipotente, a vanguarda da ciência; as pessoas pensam nela como a soma total do intelecto, e percebo que esse tipo de presunção permeia toda a sociedade. No entanto, olhando do ponto de vista religioso, pode-se dizer que a medicina avançou muito pouco.

Até agora, discuti a questão da morte, mas quando consideramos seu oposto, o nascimento humano, a medicina ainda não reconhece a relação entre a alma e o corpo.

Espiritualmente falando, a alma entra no embrião nove semanas após a concepção, isso é algo que já testemunhei inúmeras vezes. Passadas nove semanas, a alma entra no embrião. A hora e a data precisas podem ser previstas. Após esse tempo, o corpo e a alma coexistem no feto e, portanto, um aborto induzido (aborto artificial) após esse tempo representa tirar uma vida. Não há dúvida disso.

Dizem que o Japão moderno é líder em abortos, com quase um milhão sendo realizados todos os anos. Isso é uma terrível obstrução para aqueles que estão no próximo mundo e desejam reencarnar na Terra, resultando em grande confusão no mundo espiritual.

O aborto artificial também causa muitos danos aos planos de vida traçados para esta existência. Se alguém com um plano claro para sua vida for abortado antes mesmo de nascer, então não poderá se casar com a pessoa com quem foi planejado ou não será capaz de alcançar seu objetivo na carreira que escolheu para si. Há muitos casos em que as pessoas são excluídas dos objetivos profissionais pretendidos.

Dessa forma, no Japão de hoje, um número extremamente grande de mortes artificiais de fetos é realizado legalmente. Como a medicina japonesa tranquilamente declara a morte a um ser humano no estágio de nascimento, talvez não seja surpreendente que alguns milhares de casos por ano de pessoas que ainda não morreram sejam tratados como cadáveres sob o nome de "corpo em morte cerebral", esse número ainda seja pequeno se comparado ao de abortos induzidos.

O transplante de coração é a ressurreição de um ritual religioso da antiguidade

Quando vejo um cirurgião cardíaco entusiasmado realizando um transplante de coração, vem uma imagem: a antiga civilização maia.

Na antiga sociedade maia, havia uma cerimônia em que o coração vivo de uma pessoa era cortado de seu corpo e oferecido aos deuses. Diz-se que dezenas de milhares, até centenas de milhares de pessoas tiveram seus corações arrancados de seus corpos enquanto ainda estavam vivas e oferecidos aos deuses em sacrifício.

Acho que os cirurgiões cardíacos modernos são provavelmente reencarnações dos antigos maias que cortaram dezenas de milhares de corações com uma faca para realizar o seu trabalho. Vem à minha mente se seriam essas pessoas que nasceram de novo. Ao mesmo tempo, acredito que, em vez de ser a vanguarda da ciência, os transplantes de coração são realmente apenas o retorno a uma antiga prática religiosa. Certamente pode-se dizer que a medicina ainda está em um estágio primitivo. Até que os médicos percebam a relação entre a alma e o corpo, será impossível para eles curar mais de cinquenta por cento das doenças das pessoas.

As pessoas são capazes de experimentar a dor mesmo em sua forma espiritual. As pessoas que receberam soro intravenoso por longos períodos no final de suas vidas na Terra ainda sentirão a dor das agulhas depois que morrerem; acho que isso é algo que a maioria dos médicos não sabe. Pior ainda, tenho certeza de que eles não podem imaginar a terrível dor que causam ao corpo espiritual se removerem os órgãos da pessoa depois de declarar a morte cerebral.

Você precisa saber que a medicina moderna permanece em uma forma muito primitiva. Oro do fundo do coração para que o Yuinoron (Cerebralismo) não varra o mundo como uma nova forma de materialismo no século XXI.

CAPÍTULO QUATRO

A Verdade sobre o Culto aos Antepassados

1.
O significado de cultuar os antepassados

A primeira missão da religião

Gostaria agora de falar a verdade sobre o culto aos antepassados.

Há muitas religiões que veneram seus antepassados e esse ato em si não está errado. No entanto, o ideal seria encontrar as Leis de Buda enquanto vive neste mundo, despertar para o modo correto de viver e corrigir o rumo da vida com base na fé.

A missão principal de uma organização religiosa é salvar aqueles que estão vivos. Neste caso, "salvar" não significa salvar seus corpos físicos, mas suas almas. Salvar a alma das pessoas vivas é a primeira missão de todas as religiões.

Atualmente há cerca de cento e trinta milhões de pessoas vivendo no Japão e seis bilhões em todo o mundo (dados de 2004). Devemos colocar todas essas pessoas em contato com o Darma (Lei). Assim, ao estudarem o Darma e praticarem a fé, mudam suas vidas. E ao formar muitas dessas pessoas construiremos a utopia em cada região e em cada país.

Este é o nosso primeiro princípio e penso que cerca de noventa por cento das atividades da Happy Science devem ser realizadas com este objetivo.

Culto aos antepassados — salvação para as pessoas que viveram no passado

O culto aos antepassados que já partiram para o outro mundo é uma forma de salvação posterior, por não terem sido salvos enquanto estavam neste mundo. Como seus descendentes, o ideal seria que nossos ancestrais tivessem encontrado a salvação enquanto ainda estavam vivos, mas, às vezes, há pessoas que morrem sem serem salvas. Há aqueles que faleceram antes do surgimento da Happy Science. A pergunta então é: "ainda podemos salvar essas pessoas?"

Este continua a ser um grande problema para o cristianismo. É comum que os cristãos digam que aqueles que não converterem ao Cristianismo não poderão entrar no Céu, e de modo mais extremado, há quem diga que aqueles que não aceitarem os ensinamentos de Cristo cairão no Inferno. Isso significaria que aqueles que nasceram antes de Jesus Cristo estão condenados a nunca encontrar a salvação. Seria como se não houvesse salvação antes de Cristo porque "até então viviam um período de trevas".

O budismo, por outro lado, realiza Culto aos antepassados. Isso está de acordo com a teoria da salvação daqueles que viveram no passado. Naturalmente, são poucas as almas que ainda estão perdidas um ou dois mil anos depois de terem falecido; então; nos concentramos naquelas que morreram nas últimas décadas, realizando cultos como uma forma de salvar aquelas que não puderam entrar em contato com os ensinamentos do budismo enquanto estavam vivas. Ao contrário do cristianismo, o budismo mantém a filosofia de oferecer ajuda mesmo àqueles que viveram no passado (embora a Igreja Católica tenha a oração de Intercessão, com uma filosofia similar).

No entanto, os demônios que viveram no inferno por um ou dois mil anos não podem ser salvos tão facilmente, porque ainda agora continuam a praticar o mal. Se eles desistissem de praticar o mal, as trevas recuariam e a luz aumentaria, mas não o fazem, eles continuam com sua maldade. Por isso, por mais que tentemos acabar com as trevas, elas nunca desaparecerão.

Por outro lado, no caso de pessoas comuns, mesmo que tenham praticado o mal enquanto viviam na Terra, se elas se arrependerem após a morte, não mais pensarão nem cometerão o mal e, portanto, suas más ações não aumentarão. Se elas acumularem virtudes, as sombras gradualmente desaparecerão e a luz passará a aumentar. Quando a luz se tornar mais forte do que as trevas, então elas serão capazes de subir do Inferno para o Mundo Celestial.

Dessa forma, temos o Culto aos Antepassados, como uma oportunidade de salvação das almas.

2.
Os cuidados ao orar pelos antepassados

A substituição pelo "amor que cobra"

É preciso ter certo cuidado ao realizar o culto aos antepassados.

Algumas organizações religiosas, por darem grande importância aos cultos aos antepassados, realizam-nos constantemente, todos os dias, ao longo de todo o ano. No entanto há dúvidas se isto está correto sob o ponto de vista da verdade espiritual. Se o desejo de cultuar os antepassados decorre de sentimentos de amor, então está bem, mas nem sempre é assim. É o caso em que o descendente, a pessoa viva, realiza o culto a fim de alcançar algum tipo de salvação para si mesmo.

Por exemplo, quando não conseguem se sair bem na escola, quando a empresa enfrenta dificuldades, quando não obtém a promoção no trabalho, não são bem-sucedidos no amor ou seus filhos passam por problemas, eles podem pensar que tais situações ocorrem porque seus ancestrais estão perdidos. Assim, há muitos casos em que os descendentes se empenham em realizar cultos aos antepassados buscando a própria felicidade.

Aqui existe a possibilidade de haver uma troca sutil.

Embora originalmente o Culto aos Antepassados fosse um ato de "amor que se dá", quando os descendentes realizam o culto com o objetivo de obter bem-estar próprio ou facilitar a vida mundana, receosos de que os antepassados lhe causem algum mal, isso se torna um ato de "amor que cobra".

Como resultado, surgem pessoas que não fazem reflexão, e aqueles que são cultuados e os que cultuam se tornam iguais. Esse problema não ocorrerá se a pessoa cultuada estiver no Céu; mas, se a pessoa se tornou um espírito maligno e está perdida por razões egoístas, ambos — por terem a mesma natureza — irão se conectar completamente.

Se a pessoa que está sendo cultuada está no Céu e o culto é realizado desejando que seu treinamento progrida, permitindo-lhe ascender a um grau ainda mais elevado, e se seus descendentes dizem: "Estamos fazendo o nosso melhor, então esperamos que você, nosso vovô e vovó, alcance um estado mais elevado de iluminação, ascendendo ainda mais a um patamar superior", então isso funcionará como um incentivo para eles.

À medida que seus descendentes progridem em seus estudos, seus ancestrais olharão para eles e verão o quanto estão se esforçando, o quão úteis eles se tornaram para as pessoas do mundo, então, também receberão luz e irão adquirir virtudes no outro mundo. Vendo os descendentes que se dedicam sinceramente, os vizinhos do outro mundo dirão: "Seus descendentes são realmente admiráveis", e assim a reputação deles melhora entre os espíritos ao redor. Ao observar tais descendentes, os próprios antepassados também irão pensar: "Preciso me esforçar mais", e, com isso, seu processo de iluminação irá avançar ainda mais. Nesse sentido, é possível realizar um culto aos antepassados verdadeiramente positivo.

Por outro lado, mesmo realizando cultos aos antepassados de manhã, à tarde e à noite, há casos em que as pessoas atribuem seus fracassos neste mundo à perturbação dos espíritos dos antepassados e fazem os cultos apenas com o desejo de fugir do sofrimento. Em outras palavras, são casos em que a pessoa não assume nenhuma responsabilidade pessoal e coloca toda a culpa nos antepassados.

Nesses casos, por mais que se realizem cultos, os antepassados podem pensar: "Ah, você quer tanto ser feliz assim? Então continue me cultuando mais", e acabam permanecendo diariamente na casa dos descendentes. Com isso, esses antepassados deixarão completamente de fazer seus próprios aprimoramentos no outro mundo.

Se, em vida, levaram uma existência equivocada, o sofrimento no Inferno é, na verdade, o seu aprimoramento.

Embora isso seja difícil, é passando por um período determinado de sofrimento no Inferno que o espírito pode despertar para a verdade, reconhecendo: "Ah, foi aqui que eu errei".

No entanto, há antepassados que saem do inferno e permanecem na casa da família, sem realizar nenhum tipo de treinamento espiritual. Eles vivem reclamando: "Façam mais cultos", "O arroz da oferenda é insuficiente", "Estas flores baratas não servem", "A esposa não tem boas atitudes", "O filho só bebe e não faz cultos" e fica sempre fazendo críticas.

Alguns chegam a pensar: "Estou sofrendo tanto assim porque meus descendentes são preguiçosos e não se empenham em fazer cultos. A culpa é toda deles. Por isso, preciso castigá-los. Talvez devesse causar um acidente a um dos filhos." E de fato, há antepassados que praticam esse tipo de maldade.

Esse é o ponto extremamente difícil no culto aos antepassados. Entre os fiéis de certas organizações religiosas que realizam cultos diariamente, há um número considerável de pessoas que acabam ficando perturbadas espiritualmente. Muitos estão completamente envolvidos por espíritos malignos. Isso mostra como o culto aos antepassados pode ser realmente complexo.

Por outro lado, quando uma pessoa tem o coração em harmonia, irradia uma luz espiritual intensa e recebe a luz de seu espírito guardião, tendo o poder de salvar os outros, ao realizar o culto, sua luz realmente alcança os espíritos do outro mundo e têm força para aliviar seus sofrimentos. No entanto, se a pessoa não está nesse estado e realiza o culto apenas com o pensamento de que "se eu expulsar os espíritos dos meus antepassados, serei feliz", ou seja, movida apenas pelo desejo de se salvar, então, muitas vezes, antepassados e descendentes tornam-se "farinha do mesmo saco", sofrendo juntos.

O ponto de partida para o culto — você próprio deve emitir luz

Ao cultuar seus antepassados, quero que você se certifique de que não erre seu ponto de partida. Ao realizar cultos para os antepassados, o primeiro pré-requisito é que aqueles que realizam o culto tenham passado por treinamento de suas almas.

Primeiramente, é importante estudar a Verdade Búdica, ler os livros da Verdade, participar das diversas atividades da Happy Science e aprofundar os estudos até conseguir sentir a Luz de Buda. Como resultado, será possível dedicar uma parte dessa luz aos outros.

É impossível iluminar o mar das trevas sem que você próprio emita luz como um farol. Quando há navios perdidos na noite, incapazes de encontrar seu curso, não adianta dizer que você quer salvá-los se não há luz sendo emitido do farol. Em vez de apenas tatear, declarando que você vai salvá-los de alguma forma, a primeira coisa a fazer é produzir uma luz. Se você não puder fazer isso, será incapaz de orientá-los.

Para produzir uma luz, é necessário que as pessoas deste mundo estudem a Verdade Búdica e passem por treinamento espiritual. Não é suficiente cultuar as almas de seus antepassados todos os dias, a fim de ganhar a salvação para si mesmo; em vez disso, você deve treinar a si mesmo e elevar seu nível de iluminação.

Você consegue salvar seus ancestrais através do poder da iluminação; esse é o ponto de partida.

O significado espiritual de uma Festividade de Culto Memorial

Como já disse, pode ser perigoso cultuar os antepassados e não posso recomendar que isso seja feito com frequência em casa.

Por esta razão, a Happy Science realiza Grande Festividade de Culto aos Antepassados e Culto Eterno aos Antepassados em nosso templo principal, Sohonzan Shoshinkan. Além disso, em nossos templos locais em todo o país, são realizadas as Festividades de Culto aos Antepassados cerca de duas vezes por ano.

Sendo assim, recomendo participar de Festividades de Culto Memorial de nossa instituição ao lado de pessoas que possuem uma forte luz. Além disso, é mais seguro cultuar em ambientes protegidos pelo condutor da missa e pela luz dos demais participantes.

Ademais, como é natural, os Espíritos Guardiões e Guias dos participantes, bem como os Espíritos assessores estarão presentes nas Festividades da Happy Science e encontrarão quaisquer espíritos de antepassados que estejam possuindo as casas das pessoas e causando problemas. Quando isso acontecer, os espíritos malignos serão severamente repreendidos e ficarão muito envergonhados, como crianças que foram repreendidas pelo professor na escola.

Eles conseguiram praticar más ações por serem invisíveis aos olhos dos vivos, mas, como são visíveis aos espíritos do outro mundo, acabam sendo repreendidos: "Seu descendente está se esforçando tanto, e mesmo assim você continua praticando maldades?" Ao ouvirem isso, percebem que foram descobertos, se rendem e se tornam obedientes.

Ou seja, mesmo nos casos em que os descendentes não conseguem salvar seus antepassados apenas com seu esforço, ao participarem das atividades da nossa organização, os espíritos superiores do outro mundo podem repreender os antepassados que estão agindo de maneira errada.

Como são os próprios espíritos do outro mundo que mais compreendem os assuntos de lá, o caminho mais eficaz é deixar a correção dos erros dos espíritos a cargo dos espíritos elevados do outro mundo.

Desta forma, participar das atividades da nossa organização torna-se uma oportunidade para criar novos vínculos com espíritos superiores do outro mundo. Por isso, o culto aos antepassados deve ser realizado, sempre que possível, nos templos onde ocorre a Festividade de Culto aos Antepassados da nossa organização.

É claro que não há nada de errado em realizar cultos em casa algumas vezes ao ano, por exemplo, nos aniversários de falecimento, reunindo toda a família. No entanto, é melhor não exagerar estas práticas do culto aos antepassados. Em vez de realizar cultos todas as manhãs, tardes e noites, ou antes de dormir todos os dias, o essencial é se dedicar corretamente ao seu próprio aprimoramento espiritual.

Isso inclui recitar o sutra fundamental da Happy Science, "As Palavras da Verdade Proferidas por Buda", ler livros sobre a Verdade Búdica e, acima de tudo, colocar ênfase em elevar o seu próprio nível de iluminação. O culto aos antepassados deve ser feito, sempre que possível, em locais onde haja um condutor, pois isso reduz os riscos e aumenta a eficácia da prática.

3.
A morte é uma partida para o outro mundo

A morte como manifestação de que "Nada é permanente"

Observando os idosos que se aposentaram do trabalho, entendemos porque surgiu o culto aos antepassados. Não tendo mais emprego ou renda, eles passam a depender de seus filhos e filhas e o estilo de vida dessas pessoas em seus últimos anos está relacionado ao Culto aos Antepassados.

À medida que envelhecemos, o ideal seria que nossa mente se tornasse gradualmente mais serena. No entanto, muitas pessoas sentem um medo muito forte diante da realidade de que "o corpo se torna debilitado e, eventualmente a morte chegará", e acabam desenvolvendo um apego profundo às coisas deste mundo.

Esse apego é o mesmo que o desejo por cultos após a morte. O apego ao mundo terreno — ou seja, à vida física, à família, à terra, à casa, ao trabalho e a outras coisas — é a origem do desejo de ser cultuado depois da morte.

A morte é, de fato, algo triste. Contudo, ela se baseia no princípio fundamental do budismo de que "nada é permanente" (shogyō mujō), assim como o "Nascimento, Envelhecimento, Doença e Morte" (shōrōbyōshi).

Essa é uma Verdade, e não pode ser mudada. Ninguém pode deter o envelhecimento nem evitar a morte. Trata-se de uma Verdade universal. Sendo assim, os seres humanos devem viver de acordo com essa Verdade e, por fim, deixar este mundo.

A morte, certamente é algo triste para os seres humanos encarnados, mas do ponto de vista espiritual representa uma partida rumo ao outro mundo, um retorno ao mundo original. A vida neste mundo é como um intercâmbio estudantil a um país estrangeiro, e a morte é o retorno ao país de origem após o fim dos estudos.

É compreensível que, por sentimento humano ou por costume cultural, a morte seja lamentada. No entanto, a tristeza exagerada pode se tornar um problema.

A morte não é uma despedida permanente

O sofrimento pela morte se deve ao desconhecimento do mundo espiritual.

Talvez você pense: "Nunca mais verei aquela pessoa porque ela morreu". Mas, no meu caso, há pessoas com quem eu não encontrei justamente porque viviam neste mundo. No entanto, quando morrem, vêm livremente até mim, o que acaba me causando incômodos.

Neste mundo, se alguém quiser me encontrar, terá que viajar de avião, carro, trem ou algum outro meio de transporte para chegar até mim. Além disso, se eu disser que estou muito ocupado, posso evitar encontrar essa pessoa.

No entanto, no caso de pessoas que já morreram, elas podem vir livremente a qualquer momento, então, quando ouço que algum conhecido faleceu, meu sentimento sincero é: "Isso vai ser trabalhoso".

Se você pensar muito sobre alguém que morreu recentemente, seu espírito virá visitá-lo todos os dias, esteja você ocupado ou não. Quando as pessoas são recém-chegadas ao outro mundo, elas não têm trabalho por um tempo. Apenas os espíritos cuja formação é altamente avançada ou aqueles com uma missão definida começam a trabalhar imediatamente após voltarem ao outro mundo; as pessoas comuns estão desempregadas e, portanto, têm muito tempo.

Por isso, quando as pessoas deixadas neste mundo pensam muito nelas e emitem ondas psíquicas, elas acabam vindo visitá-las. Isso não se aplica apenas aos pais, mas também aos amigos, conhecidos e até colegas. Quando morre um colega de trabalho, se você ficar pensando todos os dias em como ele estaria, ele virá visitá-lo. É preciso ter cuidado porque a visita será persistente. Acredita-se geralmente que a morte é uma despedida eterna e que, uma vez que uma pessoa morre, será impossível encontrá-la novamente. Mas isso não é verdade — eles podem vir até todos os dias.

No meu caso, sou frequentemente visado enquanto durmo. Durante o dia, a consciência superficial está ocupada e ativa, então mesmo que os espíritos de pessoas falecidas estejam por perto, eles não conseguem se aproximar tanto para conversar. No entanto, quando estou dormindo, fico em um estado semelhante ao do mundo espiritual, o que permite que eles se comuniquem livremente. Por isso, vêm falar comigo sobre vários assuntos.

Desse modo, os mortos podem ser bastante inconvenientes e até atrapalhar o nosso trabalho. Espíritos do Inferno são problemáticos, claro, mas mesmo os espíritos do Céu vêm constantemente, sem se importar com a nossa situação. Portanto, embora possa parecer um pouco frio, em geral peço gentilmente que se retirem, dizendo: "Aqui também temos nosso trabalho. Por favor, encontre logo o seu trabalho no mundo espiritual."

"No outro mundo, há muito trabalho disponível. Não fique pensando apenas neste mundo e encontre um trabalho no mundo espiritual. Se você se dedicar a ele com afinco, aos poucos se esquecerá das coisas deste mundo. Apegar-se demais ao mundo terreno é problemático. Trabalhe no mundo espiritual. Isso o tornará mais feliz e ainda poderá "progredir" no outro mundo. Quando estivermos cometendo algum erro, está tudo bem vir nos aconselhar. Mas, se estivermos indo bem, não há necessidade de vir até nós."

Acredito que é melhor estarmos ambos ocupados e mantermos certa distância. Quando uma pessoa na Terra entra em estado mediúnico, sua mente se conecta imediatamente a qualquer lugar — isso é verdadeiramente o princípio de "Um Pensamento, Três Mil Mundos" (Ichinen Sanzen). Essa é a prova de como é difícil controlar os pensamentos.

No outro mundo, a comunicação é instantânea, mas neste mundo também, se você pensar bastante em uma pessoa, você acaba se sintonizando com ela. Se você pensar numa determinada pessoa por um tempo prolongado, você se conecta com a vibração dela.

No meu caso, em especial, é como se eu vivesse num mundo de "chamada de vídeo espiritual". Mesmo que a outra pessoa ainda esteja viva, basta eu voltar um pouco o pensamento para ela, que suas expressões faciais e pensamentos chegam até mim através de ondas mentais. Então eu acabo dizendo: "Ah, entendi, é isso que você quer dizer, certo? Entendi." Além disso, não vêm apenas os pensamentos da pessoa viva, mas também os espíritos que a acompanham, trazendo mensagens como: "Agora ele está assim e assim". Isso também é bastante inconveniente.

Desta forma, já existe uma rede espiritual conectando todo o mundo e toda a humanidade. Por isso, controlar os pensamentos e manter o coração sereno é algo extremamente importante.

Nesse sentido, é melhor se dedicar à autodisciplina espiritual. Quanto mais você deseja salvar muitas pessoas, mais necessário se torna manter distância dos pensamentos mundanos. Sem esse tipo de disciplina espiritual, torna-se impossível realizar o trabalho de irradiar luz para muitas pessoas.

4.
O passo antes da salvação

Consciência da Responsabilidade

Quando os antepassados de alguém retornam ao Céu, é costume realizar cultos para eles uma ou duas vezes por ano, a fim de orar para que o seu treinamento espiritual avance ainda mais no outro mundo e informá-los sobre o que tem acontecido na Terra.

Por outro lado, se os antepassados foram para o inferno e as pessoas na Terra acumularam treinamento espiritual e possuírem certo grau de poder dármico, é possível salvá-los fazendo pregações reiteradamente.

No entanto, se for alguém que não pôde ser salvo mesmo com pregações feitas enquanto ainda estava neste mundo, também será difícil salvá-lo após ter ido para o outro mundo.

Nesse caso, é necessário que o próprio espírito que está no Inferno realize o seu próprio treinamento espiritual. Se ele não chegar ao ponto de tomar plena consciência de "em que aspecto estava errado", não poderá entrar no processo de salvação.

Após a morte, aqueles que caem em mundos sombrios, na maioria das vezes, inicialmente culpam Buda e Deus, dizendo:

"Não existe Deus nem Buda neste mundo!"

E ainda protestam dizendo: "A sociedade é má. A política é má. Minha família é má. Tudo está errado."

Essa fase precisa ser completamente superada, e só depois que a pessoa toma consciência da própria responsabilidade e começa a refletir profundamente sobre "em que ponto estava errada", é que ela poderá finalmente entrar na etapa seguinte, que é a salvação.

É por isso que existe o mundo doloroso chamado Inferno: para levar o próprio espírito a despertar e tomar consciência de sua própria responsabilidade.

O Inferno é tudo o que os humanos não gostam: escuridão, frio, medo, rigor. E, se você possui conhecimento do mundo espiritual, é bastante claro reconhecer quando um lugar é realmente o Inferno. Quando você retorna ao outro mundo e se encontra em um lugar escuro, você pode simplesmente assumir que é noite no Céu, mas no Céu não há noite. Se a escuridão continuar e você começar a sentir que a noite está durando muito tempo, o lugar onde você está não é o Céu. E, se você acha que está muito frio, que foi espancado por demônios, que está com fome ou que seu corpo sofre por não se mover livremente, então pode-se afirmar com segurança que você não está no Céu. Se você está em algum lugar onde sente dor, tristeza, escuridão ou solidão, então você não está no Céu.

Então, o que seria o Céu?

Gostaria que todos vocês lembrassem do período mais feliz de suas vidas. A sensação de felicidade que experimentaram naquela época pode ser considerada como o estado do Céu. Dentes-de-leão e flores de nabo estão em plena floração, cotovias cantam, borboletas voam de flor em flor e você provavelmente sente a chegada da primavera. Ou então, quando começa o novo semestre, há aquela sensação de que você pode passar para o próximo ano, fazer novos amigos, receber novos livros didáticos... é uma sensação de felicidade.

Esta é a sensação de estar no Céu. Quando você retornar ao mundo espiritual, se o ambiente ao seu redor parecer uma extensão de um mundo feliz, pode considerar que ali é o Céu. No entanto, se for um mundo escuro, solitário e doloroso, considere que ali é o Inferno.

Após a morte, você será capaz de perceber intuitivamente se está indo para o Céu ou para o Inferno. Acredito que também poderá perceber, de certa forma, o destino de seus familiares.

Quando alguém cair no Inferno, é possível que os vivos possam ajudá-lo através de preces para oferecer orientação espiritual. No entanto, no final, cada um entrará para o mundo da responsabilidade individual.

5.

O estado de espírito correto para aqueles em seus últimos anos

Elimine os apegos a este mundo

Como ser humano, é impossível escapar dos Quatro Sofrimentos – Nascimento, Envelhecimento, Doença e Morte. Se você tentar evitar à força algo que é inevitável, será o mesmo que tentar trazer de volta o sol que está se pondo.

É importante que você esteja ciente do fato de que todos irão envelhecer. À medida que uma pessoa envelhece, seu corpo fica enfermo e não consegue se mover como antes. Sua mente fica turva, seus olhos embaraçados, gradualmente passa a ser excluída do mundo e é tratada como um incômodo. Isso é doloroso.

No entanto, isso significa que o "dia da libertação" está se aproximando. "O dia em que poderão retornar à liberdade do Mundo Celestial não está longe." É importante se preparar para este dia.

Todos os dias você deve reduzir seu apego ao mundo. Organizar, reduzir seus pertences aqui na Terra e deixar de lado seus apegos, preparando-se para o dia em que poderá retornar ao outro mundo.

A ruptura entre as gerações provocada pelo desenvolvimento

Observando o desenvolvimento do Japão durante os centos e poucos anos após a Era Meiji (1868 - 1912), percebemos o grande aumento do poder nacional em três ou quatro gerações. Após a era Meiji, o Japão se esforçou bastante para aumentar seu poder nacional.

Um dos principais fatores por trás desse desenvolvimento é o fato de que, durante esses cento e trinta anos ímpares, a educação foi priorizada. O país adotou novas culturas, estudou e se esforçou. Como resultado, o avô se tornou mais ilustre que o bisavô, o pai melhor que o avô e o filho mais que o pai, gradativamente.

É claro que, olhando individualmente, há casos em que o pai foi respeitado, mas o filho acabou fracassando, porém, em uma visão macro, pode-se dizer, não há erro em pensar que, cada geração foi duas vezes mais grandiosa que a anterior. Se olharmos para o desenvolvimento do país, é evidente que as pessoas fizeram duas vezes mais do que os seus pais.

A razão para isso é que as crianças receberam uma boa educação. À medida que o sistema educacional do país se desenvolveu, o povo estudou muito. As crianças de hoje tendem a ir para o ensino superior, enquanto seus pais não podiam, e existem muito mais oportunidades de estudo no exterior agora do que havia no passado.

Para usar um conceito antiquado, pode-se dizer que houve uma "ascensão de classe social." As crianças estão em uma classe social melhor do que seus pais que, por sua vez, superaram seus avós. Há aqueles que tiveram queda, mas seus números são pequenos. No geral, as pessoas ascenderam para uma classe social melhor.

Como resultado, vemos uma ruptura ocorrer entre as gerações. À medida que os pais envelhecem e são forçados a parar de trabalhar, eles gradualmente se tornam incapazes de conversar com seus filhos. Surgem problemas entre sogra e nora, devido a diferenças de valores. No entanto, em uma visão macro, essa ruptura entre gerações é esperada.

Nas antigas comunidades rurais onde a sociedade permanece estagnada, vemos a ordem estabelecida se repetir, ano após ano. Todos os anos os campos são plantados da mesma forma, depois é feita a colheita. Há um festival na primavera e outro no outono e o tempo passando da mesma forma ordenada sem mudanças. Neste mundo de reprodução simples, o sistema baseado na experiência adquirida ao longo dos anos é o mais fácil de ser adotado.

No entanto, em uma sociedade desenvolvida como a atual, a ruptura entre as gerações é muito acentuada. À medida que as gerações avançam — a dos pais, dos filhos e dos netos — a sociedade também muda rapidamente.

Existe a expressão "novos humanos", e de fato, novos humanos estão surgindo a todo momento. Além disso, ao observar o desenvolvimento do país, fica claro que esses novos humanos são, de fato, mais talentosos. Se você é mais velho, lamento dizer que, sem dúvida, a geração dos seus filhos será mais competente do que a sua. Porém, vale lembrar que a sua geração é mais capacitada do que a geração dos seus pais. Nesse sentido, é importante estarmos preparados para o fato de que, à medida que envelhecemos, seremos inevitavelmente superados pela próxima geração.

Viva com "a beleza da decadência"

Acredito que, entre os idosos, também há pessoas com alto nível de escolaridade. Mas, passados trinta anos, o conteúdo do conhecimento acadêmico mudou bastante. Por esta razão, o conhecimento antigo não é de muita utilidade nas áreas da saúde e exatas, o mesmo pode ser dito nas áreas de humanas.

Muitos dos subsecretários e chefes de gabinete nos vários ministérios estudaram economia enquanto estavam na universidade, mas naquela época, o marxismo era a filosofia dominante no curso de economia. Mas a economia de Marx estava completamente fora de foco e era o oposto da Verdade, portanto, teria sido melhor se essas pessoas nunca tivessem estudado.

As pessoas que se formaram com honras depois de estudar essas filosofias desgastadas foram capazes de assumir os melhores empregos, o que é um problema terrível. Pessoas que dizem que não estudaram muito enquanto estavam na universidade, mas estudaram novas teorias econômicas depois que se formaram e conseguiram um emprego, são as mais capazes em suas funções.

Como as pessoas que estudaram quase demais enquanto estavam na universidade estão ocupando os melhores postos de trabalho federais, nos deparamos com tantos problemas. Eles estão ficando para trás porque o conhecimento acadêmico que aprenderam décadas atrás não serve mais para nada. Aquelas pessoas que obtiveram resultados excelentes estudando conteúdos inúteis ocupam os cargos mais altos do serviço público; por isso, não é de se estranhar que não consigam se adaptar ao mundo moderno.

Por outro lado, as pessoas que não estudaram muito quando estavam na universidade, mas que perceberam que precisavam dominar novas matérias quando começaram a trabalhar, realizando seus estudos nas mais diversas áreas, são as que mais se adaptaram e são produtivas na sociedade atual.

Dessa forma, como o estudo antigo não tem muita utilidade mesmo que você tenha se formado com honrarias em uma instituição de ensino superior, você está fadado a ser ultrapassado pela geração de seus filhos. Embora você possa ter se destacado em seus estudos, os conteúdos das matérias de hoje mudaram. Mesmo que você tenha sido elogiado por sua habilidade no passado, o professor que o elogiou pode agora estar desatualizado e ter se tornado uma relíquia do passado.

Hoje estamos vivendo um tempo de mudanças intensas. Todo tipo de coisa muda depois de um período de dez anos e, depois de trinta, o que você estudou na escola não terá mais utilidade. Você não estará muito enganado se assumir que os filhos são superiores aos pais. Mesmo que seus filhos só consigam entrar na universidade que você considerava apenas como última opção — e, por isso, você se sinta superior —, há uma grande probabilidade de que seus filhos tenham se tornado mais competentes do que você.

Todos vocês devem se preparar para o momento em que serão derrotados pelos filhos e superados por eles. Esta é a prova de que o país continua a se desenvolver e é algo que se deve orgulhar. Como pai, você deve estar em paz sabendo que seus filhos conseguiram superá-lo. Significa que seus filhos deram o seu melhor, o país fez o seu melhor e, há um futuro para o mundo.

Se você começar a repetir a mesma fala como um idoso, isso é prova de que o país está se desenvolvendo, então fique em paz, deixando de lado seus apegos ao mundo. Você deve dizer a si mesmo que o sistema educacional no Japão tem sido um sucesso e que o mundo está a caminho de um maior desenvolvimento.

Por outro lado, quando um país está em declínio, as crianças terão um nível inferior ao dos pais. Talvez elas não estudem muito e serão espiritualmente inferiores.

Quando um país está em seu auge, um grande número de almas superiores nasce ali, mas à medida que seu prestígio cai, as almas superiores abandonam esse lugar e as almas menos dotadas nascem em grande número. Em países onde nada muda e cem anos são iguais a um dia, o mesmo tipo de almas renasce lá repetidamente.

Sendo assim, você deve estar preparado para o fato de que, em países de rápido crescimento, haverá uma lacuna entre as gerações, e os pais inevitavelmente serão deixados para trás. Não se deve ter apego a isso.

Por exemplo, uma pessoa que pode ter sido um estudante muito talentoso estudou engenharia da aviação e pilotou uma aeronave a hélice, mas agora seu filho constrói um foguete e faz voar, não há como comparar.

E se o filho diz ao pai para ficar quieto, isso é natural. Esse tipo de coisa acontece também em escala macro, então não faz sentido a geração mais velha tentar impor restrições aos mais jovens de acordo com sua visão de mundo.

O mesmo acontece com questões entre nora e sogra. É óbvio que uma mulher cujos valores foram formados pelos antigos colégios femininos terá dificuldade em orientar uma jovem que se formou numa faculdade ou universidade, ou ainda aquela com experiência de trabalho. Portanto, ao se aproximar da velhice, você deve adquirir "a beleza da decadência" e aprecie viver uma vida bonita antes de partir deste mundo. É importante que se alegre ao ser ultrapassado pelos mais jovens. Essa é a forma de viver numa sociedade de mudanças. O importante é acolher a velhice livre de apegos.

Depois que você morrer, mesmo que venha a cair no Inferno, seus filhos e netos estarão ocupados, por isso não deve pensar em pedir a salvação a eles. Através da reflexão poderá salvar a si próprio, arrependendo-se profundamente do que fez na vida e subir para o Mundo Celestial com sua própria força.

Além disso, um grande número de anjos viaja até o Inferno a fim de oferecer instruções, portanto, se você não reclamar, mas ouvir o que eles têm a dizer, é possível que esses espíritos o levem de volta ao Mundo Celestial.

À medida que as pessoas envelhecem, há uma tendência para que elas se tornem cada vez mais obstinadas e não ouçam os outros. No entanto, como diz um ditado: "ao envelhecer, ouça os filhos", é importante se esforçar para manter o coração flexível. Mesmo depois que retornar ao outro mundo, é importante que você mantenha a flexibilidade para admitir seus erros e corrigi-los. Você deve aprender com seus filhos, ouvir os espíritos salvadores do Mundo Celestial e realizar seus estudos como um bom aluno do primeiro ano. É preciso ter essa atitude flexível.

Pode-se dizer que é isso que você deve tentar dizer aos seus antepassados através da oração ao oferecer o Culto aos Antepassados.

CAPÍTULO CINCO

O Mundo da Vida Eterna

1.
Este mundo é um lugar transitório

A prova da natureza temporária deste mundo

Gostaria agora de falar sobre o tema da vida eterna.

Tenho falado repetidas vezes em meus livros e sermões sobre o tema da vida eterna, mas até que ponto essa verdade ficou gravada em seus corações? Isto é algo que gostaria de reconfirmar.

A verdadeira vida do ser humano não é limitada. O que se pensa como vida neste mundo não é algo verdadeiro, não passa de uma experiência transitória. Como prova de que as poucas décadas passadas neste mundo não representam a verdadeira forma da vida, basta pensar na existência dos "Quatro Sofrimentos": nascimento, envelhecimento, doença e morte.

Por que as pessoas devem passar pelas dores do nascimento? Por que as pessoas permanecem no escuro do útero por muito, muito tempo, e por que elas têm que chorar quando finalmente nascem? O sofrimento do "nascimento" representa a dor de nascer nas restrições deste mundo e esquecer a liberdade do mundo real. Significa voltar e começar do zero, tatear o caminho vida — é o início de uma vida nas trevas.

Apesar de nascer em tais condições, passados vinte ou trinta anos, as pessoas passam a gostar de suas vidas e elas se apegam à vida neste mundo. Elas se afeiçoam a si mesmas, suas relações com as pessoas deste mundo se tornam importantes e querem tocar tudo o que existe neste mundo. Cantam os louvores da juventude, atingem o auge da vida e em breve a "velhice" virá. Seus corpos começam a doer, seus rostos ficam enrugados, seus cabelos brancos. Acima de tudo, seus espíritos perdem o entusiasmo, o futuro se torna opaco e vão perdendo os sonhos. Seus pensamentos retornam continuamente ao passado e se apegam aos dias de sua juventude que nunca mais voltarão.

O envelhecimento se aproxima implacavelmente para os homens e para as mulheres; eles tentam escapar, mas, ao final, serão alcançados.

Há também a "doença", o sofrimento da doença. Todos esperam viver suas vidas com saúde mental e física, mas, infelizmente, mais cedo ou mais tarde, a doença os alcançará. Este também é um momento de desilusão, ao mesmo tempo em que percebem que "na verdade, os corpos físicos não são seus, mas um veículo temporário". Até mesmo o corpo físico que pensava ser seu, não é. Como prova disso, ele não obedece a sua vontade. Isto é sentido principalmente nos momentos de doença. "Você quer se curar, mas não consegue" ou "não quer adoecer, mas adoece" e isso é a prova de que o corpo físico é um objeto emprestado.

Por fim há o sofrimento da "morte". Este é o maior sofrimento para o ser humano. Nós que estamos em forma hoje, certamente morreremos. Aquelas pessoas que viveram há cem anos atrás provavelmente, agora, não estão mais na Terra. Assim como daqui a cento e poucos anos, a maioria das pessoas vivas hoje, provavelmente não estarão mais aqui. É muito difícil viver nesta incerteza. Para fugir do medo da morte, as pessoas se interessam apenas por este mundo, desfrutando a vida, mas logo o sofrimento da morte os açoitará, tornando a morte uma realidade. À medida que envelhecem, as pessoas ao redor morrerão uma após a outra, como folhas que caem da árvore.

Diante dos Quatro Sofrimentos do "Nascimento, Envelhecimento, Doença e Morte" são raras as pessoas que estejam livres do ímpeto filosófico de se perguntarem "o que é a Verdade, o que vem a ser a Verdade".

Os diversos sofrimentos da vida

Além dos Quatro Sofrimentos, há neste mundo vários outros sofrimentos. Em primeiro lugar há "a dor de encontrar pessoas que odiamos". O sofrimento de encontrar pessoas que não gostamos. Existe a sina de fatalmente encontrarmos com “pessoas que se não tivesse encontrado, seríamos felizes. Elas podem estar no ambiente de trabalho, na família, ou entre parentes, sempre próximas de nós.

Há também o sofrimento da separação das pessoas que amamos, algo que certamente experimentaremos. Há pessoas das quais você não deseja se separar, aconteça o que acontecer, sejam amigos, esposa, marido ou filhos, mas a morte destruirá esse tipo de relacionamento impiedosamente. A morte é como uma onda que varre as pessoas, pessoas como conchas espalhadas em uma praia.

Há ainda a “dor da não consecução dos desejos”. Isso é algo que todo mundo experimenta. Embora todos neste mundo nasçam chorando, enquanto vivem por algumas décadas, este mundo se torna confortável, e passam a querer isto e aquilo que existem aqui. Sem se dar conta, percebem que vivem uma vida cheia de apegos.

À medida que as pessoas passam do ponto médio de suas vidas, esses apegos se tornam ainda mais pronunciados. Quando atingem a idade de quarenta, cinquenta ou sessenta anos, é raro que consigam abandonar sua posição, seu status social, sua riqueza ou suas relações pessoais. Os apegos aumentam com a idade. E o desejo de querer mais aumenta mais ainda.

Esse forte desejo de continuar querendo mais representa a vontade de viver neste mundo. É o desejo de alcançar a autorrealização neste mundo. No entanto, é acompanhada pela "dor da não consecução dos desejos" e esta é mais uma manifestação do fato de que este mundo não é o Mundo Real.

Finalmente, há o sofrimento de ter desejos mundanos que derivam dos cinco sentidos. Viver em um corpo físico é conviver com a chama do desejo ardente que brota dos cinco sentidos. Esses desejos, como a fome, o desejo sexual e de sono são os diversos sofrimentos que nos acompanham por vivermos em um corpo físico. Ter um corpo é como manter um animal dentro de você e é o que traz o sofrimento dos desejos insaciáveis. É impossível apagar a chama do desejo que é criada pelos cinco sentidos, o desejo corre solto como um cavalo indomável e faz você esquecer que a alma é o seu verdadeiro ser.

São esses os sofrimentos da vida que a maioria das pessoas experimentam ao longo de suas vidas. As pessoas vivem em meio aos Quatro e Oito Sofrimentos e quando encaram esta realidade terão a comprovação de que a vida é de fato Quatro e Oito Sofrimentos. Na verdade, este mundo é uma morada transitória e não o mundo da Verdade. Os sofrimentos surgem porque não é o mundo da Verdade. Sofremos por nos atermos, querermos possuir e nos apegarmos às coisas que não são do mundo da Verdade.

2.
Para forjar e fazer brilhar a alma

Pense no mundo antes de você nascer, e no mundo para o qual retornará após a morte. É onde sua vida verdadeira existe. Este é um mundo provisório. As pessoas que vivem a vida eterna estão em aprimoramento contínuo, vivendo na mesma era neste mundo material, encarnados em um corpo físico, vivendo uma vida humana. E justamente por haver muitas pessoas que vivem cegas para a Verdade, grandiosos seres de Luz descem à Terra um após o outro para se dedicarem à salvação das multidões. Alguns encarnam em corpos físicos masculinos e outros em corpos físicos femininos, dedicam suas vidas a ensinar e salvar as pessoas do mundo.

Um dos meus livros anteriores, "As Leis da Eternidade" (publicado pela IRH Press) tornou-se um best-seller, vendendo mais de um milhão de cópias. Gostaria que todos lessem ao menos uma vez na vida este livro da Verdade que explica sobre a "estrutura deste e do outro mundo" e "as Leis da Reencarnação". Ao lerem ainda em vida, suas vidas brilharão assim como irão brilhar após a morte.

É certo que as pessoas irão morrer. Não se sabe quando acontecerá. Seja hoje, amanhã, daqui um ano, dez ou vinte anos, é cem por cento certo que a morte virá.

"A vida que vem após a morte é a verdadeira vida", e "esta encarnação tem significado justamente para viver a verdadeira vida após a morte". "As Leis da Eternidade" nos mostram o grandioso significado de forjar a alma e fazê-la brilhar.

3.
Uma nação budista baseada em valores verdadeiros

A vida aqui no mundo fenomênico da terceira dimensão é como estar na escola; seu único propósito é proporcionar à alma a oportunidade de estudar. No entanto, a grande maioria das pessoas olha para esta morada provisória, como sendo o mundo verdadeiro; elas esqueceram tudo sobre o Mundo Real e tratam-no com desprezo.

Uma vida que não se fundamenta na Verdade é frágil, efêmera e fugaz. Ao despertar para a vida verdadeira e despertar para o eu verdadeiro, este ser se tornará indestrutível como diamante. Passa a ser uma existência dura como o diamante e com brilho contínuo.

Neste momento está acontecendo uma revolução para que todas as pessoas conheçam a Verdade, está sendo transmitida a partir do Japão para o mundo inteiro.

O meu desejo é só um. Concretizar o Reino Búdico fundamentado nos valores da Verdade e que este Reino Búdico cumpra a promessa de que a vida eterna terá uma evolução eterna. Este é o meu desejo.

Por favor, falem sobre o mundo da vida eterna

para o maior número possível de pessoas. Sendo uma Verdade, vocês precisam ter coragem. As pessoas que estão do lado da Verdade devem possuir a verdadeira coragem. A Verdade é poderosa e não será derrotada. Seja firme e expanda-a o mais amplamente possível.

Sua missão é despertar para a Verdade e difundi-la por toda parte.

É preciso continuar a obra missionária. É preciso salvar infindavelmente todas as pessoas com as quais temos vínculo.

E, desejo continuar me esforçando para isso.

Posfácio

O "cordão de prata" que é mencionado neste livro é o mesmo que aparece no Antigo Testamento da Bíblia, Eclesiastes 12, 6, "antes que se rompa o cordão de prata, e se quebre o copo de ouro". No entanto, mesmo que o conhecimento disso exista há muito tempo, os cristãos ainda não conseguem entender o verdadeiro significado da morte.

Os problemas relacionados ao transplante de órgãos em estado de morte cerebral são, em primeiro lugar, o sofrimento e o medo causados pelo fato de que a alma da própria pessoa ainda não reconheceu sua morte; e, em segundo lugar, o risco de a alma do falecido ficar apegada ao receptor do órgão, dificultando sua transição para o outro mundo e, ao mesmo tempo, causando mudanças na personalidade do receptor e possíveis influências negativas sobre a família dele.

Para fazer uma doação de acordo com os princípios budistas, é necessário que o doador, o receptor e o órgão dado pelo doador ao receptor sejam puros e livres de qualquer apego (as três purezas).

Em outras palavras, o doador deve ter estudado a Verdade Búdica e desejar doar seus órgãos por um espírito de amor, enquanto o receptor também deve estudar a Verdade e agradecer, garantindo que a operação seja legal e não implique em pagamento financeiro. Neste sentido, se o ponto de vista materialista de que tudo termina com a morte é o que dá impulso aos transplantes de órgãos, isso intensificará a confusão no mundo espiritual e impedirá que os mortos cheguem ao Céu.

Por outro lado, se voltarmos o olhar para o mundo religioso, o culto aos antepassados parece uma tragicomédia, fruto da colaboração entre os descendentes, que atribuem todas as suas desgraças aos antepassados, e os espíritos perdidos dos antepassados, que colocam todo o sofrimento sobre os seus descendentes.

Não devemos esquecer o princípio de que a iluminação é individual.

Gostaria que as pessoas aprendessem a prestar serviços memoriais adequados aos seus antepassados.

Há muitas famílias que acreditam estar orando pelo bem-estar de seus antepassados quando, na verdade, estão sendo possuídas por outros espíritos malignos.

Espero, do fundo do coração, que o maior número possível de pessoas adquira o conhecimento da Verdade Búdica.

Ryuho Okawa
Mestre e CEO do Grupo Happy Science
Primavera de 2004

Sobre o Autor

Fundador e CEO do Grupo Happy Science. Ryuho Okawa nasceu em 7 de julho de 1956, em Tokushima, no Japão. Após graduar-se na Universidade de Tóquio, juntou-se a uma empresa mercantil com sede em Tóquio. Enquanto trabalhava na matriz de Nova York, estudou Finanças Internacionais no Graduate Center of the City University of New York. Em 23 de março de 1981, alcançou a Grande Iluminação e despertou para Sua consciência central, El Cantare – cuja missão é trazer felicidade para a humanidade.

Em 1986, fundou a Happy Science, que atualmente se expandiu para mais de 187 países, com mais de 700 templos e 10 mil casas missionárias ao redor do mundo.

O Mestre Ryuho Okawa realizou mais de 3.500 palestras, sendo cerca de 150 em inglês. Ele tem mais de 3.300 livros publicados (ultrapassando 600 mensagens espirituais) – traduzidos para mais de 42 línguas –, muitos dos quais se tornaram *best-sellers* e alcançaram a casa dos milhões de exemplares vendidos, inclusive *As Leis do Sol* e *As Leis do Inferno*. Até o momento, a Happy Science produziu 29 filmes sob a supervisão de Okawa, dos quais criou a história e o conceito originais, além de ser também o produtor executivo. Ele também compôs mais de 450 músicas e letras. Mestre Okawa é também o fundador da Happy Science University, da Happy Science Academy, do Partido da Realização da Felicidade, fundador e diretor honorário do Instituto Happy Science de Governo e Gestão, fundador da Editora IRH Press e presidente da New Star Production Co. Ltd. e ARI Production Co. Ltd.

Quem é El Cantare?

El Cantare significa a "Luz da Terra". Ele é o Supremo Deus da Terra, que vem guiando a humanidade desde a Gênese e é o Criador do Universo. É Aquele a quem Jesus chamou de Pai e Muhammad, de Alá. Ele é Ame-no-Mioya-Gami, o Deus Pai japonês. Também é conhecido como Vishnu na Índia e como Tiandi na China. No passado, diferentes partes da consciência central de El Cantare vieram à Terra, uma vez como Alpha e outra como Elohim. Seus espíritos ramos, como Buda Shakyamuni e Hermes, vieram à Terra inúmeras vezes para ajudar diversas civilizações a prosperarem. Com o intuito de unir as várias religiões e integrar diferentes campos de estudo para criar uma nova civilização na Terra, uma parte da consciência central de El Cantare desceu à Terra como Mestre Ryuho Okawa.

Alpha: parte da consciência central de El Cantare, que desceu à Terra há cerca de 330 milhões de anos. Alpha pregou as Verdades da Terra para harmonizar e unificar os humanos nascidos na Terra e os seres do espaço que vieram de outros planetas.

Elohim: parte da consciência central de El Cantare, que desceu à Terra há cerca de 150 milhões de anos. Ele pregou sobre a sabedoria, principalmente sobre as diferenças entre luz e trevas, bem e mal.

Ame-no-Mioya-Gami: Ame-no-Mioya-Gami (O Deus Pai do Japão) é um Ser próximo da consciência central do Senhor El Cantare, sendo o Deus Criador e o

Deus Pai que aparece na 201 antiga literatura Hotsuma Tsutae. Diz-se que Ele desceu na região do monte Fuji 30 mil anos atrás e construiu a dinastia Fuji, que é a raiz da civilização japonesa. Centrados na justiça, os ensinamentos de Ame-no-Mioya-Gami espalharam-se pelas civilizações antigas de outros países.

Buda Shakyamuni: Sidarta Gautama nasceu como príncipe do clã Shakya, na Índia, há cerca de 2.600 anos. Aos 29 anos, renunciou ao mundo e ordenou-se em busca de iluminação. Mais tarde, alcançou a Grande Iluminação e fundou o budismo.

Hermes: na mitologia grega, Hermes é considerado um dos doze deuses do Olimpo. Porém, a verdade espiritual é que ele foi um herói da vida real que, há cerca de 4.300 anos, pregou os ensinamentos do amor e do desenvolvimento que se tornaram a base da civilização ocidental.

Ophealis: nasceu na Grécia há cerca de 6.500 anos e liderou uma expedição até o distante Egito. Ele é o deus dos milagres, da prosperidade e das artes, e também é conhecido como Osíris na mitologia egípcia.

Rient Arl Croud: nasceu como rei do antigo Império Inca há cerca de 7 mil anos e ensinou sobre os mistérios do coração. No Mundo Celestial, ele é o responsável pelas interações que ocorrem entre vários planetas.

Thoth: foi um líder onipotente que construiu a era dourada da civilização da Atlântida há cerca de 12 mil anos. Na mitologia egípcia, ele é conhecido como o deus Thoth.

Ra Mu: foi o líder responsável pela instauração da era dourada da civilização de Mu, há cerca de 17 mil anos. Como líder religioso e político, governou unificando a religião e a política.

Sobre a Happy Science

A Happy Science é uma organização religiosa fundada sob a fé em El Cantare, o Deus da Terra e Criador do Universo. A essência do ser humano é a alma, que foi criada por Deus, e todos nós somos filhos d'Ele. Deus é o nosso verdadeiro Pai, o que nos leva a ter em nossa alma o desejo fundamental de acreditar em Deus, amar a Deus e nos aproximar de Deus. E podemos ficar mais próximos d'Ele ao vivermos com a Vontade de Deus como nossa própria vontade. Na Happy Science, chamamos isso de a "Busca do Correto Coração". Ou seja, de modo mais concreto, significa a prática dos Quatro Corretos Caminhos: Amor, Conhecimento, Reflexão e Desenvolvimento.

Amor: isto é, o amor que se dá, ou misericórdia. Deus deseja a felicidade de todas as pessoas. Desse modo, viver com a Vontade de Deus como se fosse nossa própria vontade significa começar com a prática do amor que se dá.

Conhecimento: ao estudar e praticar o conhecimento espiritual adquirido, você pode desenvolver a sabedoria e ser capaz de resolver melhor os problemas de sua vida.

Reflexão: ao aprender sobre o coração de Deus e a diferença entre a mente (coração) d'Ele e a sua, você deve se esforçar para aproximar o seu coração do coração de Deus – esse processo é chamado de reflexão. A reflexão inclui a prática da meditação e oração.

Desenvolvimento: tendo em vista que Deus deseja a felicidade de todos os seres humanos, cabe a você também avançar na sua prática do amor e se esforçar para concretizar a Utopia que permita que as pessoas da sociedade em que você convive, do seu país e, por fim, toda a humanidade, sejam felizes.

À medida que praticamos os Quatro Corretos Caminhos, nossa alma irá avançar gradativamente em direção a Deus. É quando podemos atingir a verdadeira felicidade: nosso desejo de nos aproximar de Deus se torna realidade. Na Happy Science, conduzimos atividades que nos trazem felicidade por meio da fé no Senhor El Cantare, e que levam felicidade a todos ao divulgarmos esta fé ao mundo. E convidamos você a se juntar a nós!

Realizamos eventos e atividades nos nossos templos locais, bases e casas missionárias para ajudá-lo com a prática dos Quatro Corretos Caminhos.

Amor: realizamos atividades de trabalho voluntário. Nossos membros conduzem o trabalho missionário juntos, como o maior ato da prática do amor.

Conhecimento: possuímos uma vasta coleção de livros, muitos deles disponíveis *online* e nas unidades da Happy Science. Realizamos também diversos seminários e estudos dos livros para você se aprofundar nos estudos da Verdade.

Reflexão: há diversas oportunidades para polir seu coração por meio da reflexão, meditação e oração. São muitos os casos de membros que experimentaram melhorias nas suas relações interpessoais ao mudarem o seu próprio coração.

Desenvolvimento: disponibilizamos seminários para elevar seu poder de influência. Realizamos seminários para alavancar seu trabalho e habilidades de gestão, porque fazer um bom trabalho também é fundamental para criar uma sociedade melhor.

O sutra da Happy Science

As Palavras da Verdade Proferidas Por Buda

As Palavras da Verdade Proferidas Por Buda é um sutra que nos foi concedido, originalmente em inglês, diretamente pelo espírito de Buda Shakyamuni, que faz parte da subconsciência do Mestre Ryuho Okawa. As palavras deste sutra não vêm de um mero ser humano, mas são palavras de Deus ou Buda, que foram enviadas diretamente da Nona Dimensão – o reino mais elevado do mundo espiritual terrestre.

As Palavras da Verdade Proferidas Por Buda é um sutra essencial para nos conectarmos e vivermos com a Vontade de Deus ou Buda como se fosse nossa vontade.

Torne-se um membro!

MEMBRO

Se você quer conhecer melhor a Happy Science, recomendamos que se torne um membro. É possível fazê-lo ao jurar acreditar no Senhor El Cantare e desejar aprender mais sobre nós. Ao se tornar membro, você receberá o seguinte livro de orações com os sutras: *As Palavras da Verdade Proferidas Por Buda*, *Oração ao Senhor* e *Oração ao Espírito Guardião e ao Espírito Guia*.

MEMBRO DEVOTO

Se você deseja aprender os ensinamentos da Happy Science e avançar no caminho da fé, recomendamos que se torne um membro devoto aos Três Tesouros, que são: Buda, Darma e Sanga. Buda é o Senhor El Cantare, Mestre Ryuho Okawa. Darma são os ensinamentos pregados pelo Mestre Ryuho Okawa. E Sanga é a Happy Science. Devotar-se aos Três Tesouros fará sua natureza búdica brilhar e permitirá que você entre no caminho para conquistar a verdadeira liberdade do coração.

Tornar-se devoto significa se tornar um discípulo de Buda. Você desenvolverá o controle do coração e levará felicidade à sociedade.

E-MAIL OU TELEFONE

Vide lista de contatos (págs. 192 a 193).

ONLINE www.happy-science-br.org/torne-se-membro

Contatos

A Happy Science é uma organização mundial, com centros de fé espalhados pelo globo. Para ver a lista completa dos centros, visite a página happy-science.org (em inglês). A seguir encontram-se alguns dos endereços da Happy Science:

BRASIL

São Paulo (Matriz)
Rua Domingos de Morais 1154,
Vila Mariana, São Paulo, SP
CEP 04010-100, Brasil
Tel.: 55-11-5088-3800
E-mail: sp@happy-science.org
Website: happyscience.com.br

São Paulo (Zona Sul)
Rua Domingos de Morais 1154,
Vila Mariana, São Paulo, SP
CEP 04010-100, Brasil
Tel.: 55-11-5088-3800
E-mail: sp_sul@happy-science.org

São Paulo (Zona Leste)
Rua Itapeti 860 A, sobreloja
Vila Gomes Cardim, São Paulo, SP
CEP 03324-002, Brasil
Tel.: 55-11-2295-8500
E-mail: sp_leste@happy-science.org

São Paulo (Zona Oeste)
Rua Rio Azul 194,
Vila Sônia, São Paulo, SP
CEP 05519-120, Brasil
Tel.: 55-11-3061-5400
E-mail: sp_oeste@happy-science.org

Campinas
Rua Joana de Gusmão 108,
Jd. Guanabara, Campinas, SP
CEP 13073-370, Brasil
Tel.: 55-19-4101-5559

Capão Bonito
Rua General Carneiro 306,
Centro, Capão Bonito, SP
CEP 18300-030, Brasil
Tel.: 55-15-3543-2010
E-mail: happyscience.capaobonito@gmail.com

Jundiaí
Rua Congo 447,
Jd. Bonfiglioli, Jundiaí, SP
CEP 13207-340, Brasil
Tel.: 55-11-4587-5952
E-mail: jundiai@happy-science.org

Londrina
Rua Piauí 399, 1º andar, sala 103,
Centro, Londrina, PR
CEP 86010-420, Brasil
Tel.: 55-43-3322-9073
E-mail: happyscience.londrina@gmail.com

Santos / São Vicente
Tel.: 55-13-99158-4589
E-mail: santos@happy-science.org

Sorocaba
Rua Dr. Álvaro Soares 195, sala 3,
Centro, Sorocaba, SP
CEP 18010-190, Brasil
Tel.: 55-15-3359-1601
E-mail: sorocaba@happy-science.org

Rio de Janeiro
Rua Barão do Flamengo 22, sala 304,
Flamengo, Rio de Janeiro, RJ
CEP 22220-900, Brasil
Tel.: 55-21-3486-6987
E-mail: riodejaneiro@happy-science.org

Rio Pardo
E-mail: happyscience.riopardo@gmail.com

ESTADOS UNIDOS E CANADÁ

Nova York
79 Franklin St.,
Nova York, NY 10013
Tel.: 1-212-343-7972
Fax: 1-212-343-7973
E-mail: ny@happy-science.org
Website: happyscience-usa.org

Los Angeles
1590 E. Del Mar Blvd.,
Pasadena, CA 91106
Tel.: 1-626-395-7775
Fax: 1-626-395-7776
E-mail: la@happy-science.org
Website: happyscience-usa.org

San Francisco
525 Clinton St.,
Redwood City, CA 94062
Tel./Fax: 1-650-363-2777
E-mail: sf@happy-science.org
Website: happyscience-usa.org

Honolulu (Havaí)
Tel.: 1-808-591-9772
Fax: 1-808-591-9776
E-mail: hi@happy-science.org
Website: happyscience-usa.org

Kauai (Havaí)
3343 Kanakolu Street,
Suite 5
Lihue, HI 96766
Tel.: 1-808-822-7007
Fax: 1-808-822-6007
E-mail: kauai-hi@happy-science.org
Website: happyscience-usa.org

Flórida
5208 8th St.,
Zephyrhills,
Flórida 33542
Tel.: 1-813-715-0000
Fax: 1-813-715-0010
E-mail: florida@happy-science.org
Website: happyscience-usa.org

Toronto (Canadá)
845 The Queensway Etobicoke,
ON M8Z 1N6, Canadá
Tel.: 1-416-901-3747
E-mail: toronto@happy-science.org
Website: happy-science.ca

INTERNACIONAL

Tóquio
1-6-7 Togoshi, Shinagawa
Tóquio, 142-0041, Japão
Tel.: 81-3-6384-5770
Fax: 81-3-6384-5776
E-mail: tokyo@happy-science.org
Website: happy-science.org

Londres
3 Margaret St.,
Londres, W1W 8RE,
Reino Unido
Tel.: 44-20-7323-9255
Fax: 44-20-7323-9344
E-mail: eu@happy-science.org
Website: happyscience-uk.org

Sydney
516 Pacific Hwy, Lane Cove North,
NSW 2066, Austrália
Tel.: 61-2-9411-2877
Fax: 61-2-9411-2877
E-mail: aus@happy-science.org
Website: happyscience.org.au

Kathmandu
Kathmandu Metropolitan City
Ward No 15, Ring Road, Kimdol,
Sitapaila
Kathmandu, Nepal
Tel.: 977-1-427-2931
E-mail: nepal@happy-science.org

Kampala
Plot 877 Rubaga Road,
Kampala
P.O. Box 34130,
Kampala, Uganda
E-mail: uganda@happy-science.org

Bangkok
19 Soi Sukhumvit 60/1,
Bang Chak, Phra Khanong,
Bangkok, 10260, Tailândia
Tel.: 66-2-007-1419
E-mail: bangkok@happy-science.org
Website: happyscience-thai.org

Paris
56-60 rue Fondary 75015
Paris, França
Tel.: 33-9-50-40-11-10
Website: www.happyscience-fr.org

Berlim
Rheinstr. 63, 12159
Berlim, Alemanha
Tel.: 49-30-7895-7477
E-mail: kontakt@happy-science.de

Filipinas
LGL Bldg, 2nd Floor,
Kadalagaham cor,
Rizal Ave. Taytay,
Rizal, Filipinas
Tel.: 63-2-5710686
E-mail: philippines@happy-science.org

Seul
74, Sadang-ro 27-gil,
Dongjak-gu, Seoul, Coreia do Sul
Tel.: 82-2-3478-8777
Fax: 82-2- 3478-9777
E-mail: korea@happy-science.org

Taipé
Nº 89, Lane 155, Dunhua N. Road.,
Songshan District,
Cidade de Taipé 105, Taiwan
Tel.: 886-2-2719-9377
Fax: 886-2-2719-5570
E-mail: taiwan@happy-science.org

Kuala Lumpur
Nº 22A, Block 2, Jalil Link Jalan Jalil
Jaya 2, Bukit Jalil 57000, Kuala Lumpur,
Malásia
Tel.: 60-3-8998-7877
Fax: 60-3-8998-7977
E-mail: malaysia@happy-science.org
Website: happyscience.org.my

Outros livros de Ryuho Okawa

Série Leis

As Leis do Sol

– O caminho rumo a El Cantare

IRH Press do Brasil

O autor revela os segredos de nossa alma e do universo multidimensional, mostrando o lugar que ocupamos nele. Ao compreender os estágios do amor e seguir os Verdadeiros Oito Caminhos Corretos do budismo, é possível acelerar a nossa evolução espiritual. Esta obra indica o caminho para a verdadeira felicidade que permeia este mundo e o outro. Edição revista e atualizada.

As Leis da Eternidade

– El Cantare Revela a Estrutura do Mundo Espiritual

IRH Press do Brasil

De onde viemos e para onde vamos? Ryuho Okawa explica que vivemos em um mundo multidimensional e que nosso destino depende do estado do coração. A vida na Terra é um aprendizado espiritual para crescer como espírito e elevar o coração. Este livro nos ajuda a compreender a vida, encontrar seu propósito e traz uma mensagem de união entre todas as religiões, inspirada pelo Criador.

As Leis De Messias

– Do Amor ao Amor

IRH Press do Brasil

Okawa fala sobre temas fundamentais, como o amor de Deus, o que significa ter uma fé verdadeira e o que os seres humanos não podem perder de vista ao longo do treinamento de sua alma na Terra. Ele revela os segredos de Shambala, o centro espiritual da Terra, e por que devemos protegê-lo.

Desperte para a Verdade
– Seja um anjo vivo neste mundo
IRH Press do Brasil

Esta obra reúne os sermões apaixonantes e a sessão de perguntas e respostas do Mestre Ryuho Okawa durante sua visita ao Brasil. Suas palavras poderosas têm inspirado inúmeras pessoas, de todas as crenças e nacionalidades, a despertar para o verdadeiro propósito como filhos de Deus.

Série Autoajuda

Palavras Que Formam o Caráter
IRH Press do Brasil

À medida que avança na leitura, você encontrará a sabedoria para construir um caráter nobre por meio de várias experiências de vida, como casamento, questões financeiras, superação dos desejos egoístas, prática do perdão e fé em Deus. Ao ler, apreciar e compreender profundamente o significado destas frases sagradas, você poderá alcançar uma felicidade que transcende este mundo e o próximo.

Palavras para a Vida
IRH Press do Brasil

100 frases para praticar a meditação reflexiva sobre a vida. Faça deste livro seu companheiro de todas as horas, seu livro de cabeceira. Folheie casualmente as páginas, contemple as palavras de sabedoria que chamaram a sua atenção, e avance na jornada do autoconhecimento!

O Verdadeiro Exorcista

– Obtenha Sabedoria para Vencer o Mal

IRH Press do Brasil

Assim como Deus e os anjos existem, também existem demônios e maus espíritos. Esses espíritos maldosos penetram no coração das pessoas, tornando-as infelizes e espalhando infelicidade àqueles ao seu redor. Aqui o autor apresenta métodos poderosos para se defender do ataque repentino desses espíritos.

Os Verdadeiros Oito Corretos Caminhos

– Um Guia para a Máxima Autotransformação

IRH Press do Brasil

Neste livro, Okawa nos orienta como aplicar no cotidiano os ensinamentos dos Oito Corretos Caminhos propagados por Buda Shakyamuni e mudar o curso do nosso destino. Descubra este tesouro secreto da humanidade e desperte para um novo "eu", mais feliz, autoconsciente e produtivo.

Vivendo sem Estresse

– Os Segredos de uma Vida Feliz e Livre de Preocupações

IRH Press do Brasil

Por que passamos por tantos desafios? Deixe os conselhos deste livro e a perspectiva espiritual ajudá-lo a navegar pelas turbulentas ondas do destino com um coração sereno. Melhore seus relacionamentos, aprenda a lidar com as críticas e a inveja, e permita-se sentir os milagres dos Céus.

O Milagre da Meditação

– Conquiste Paz, Alegria e Poder Interior

IRH Press do Brasil

A meditação pode abrir sua mente para o potencial de transformação que existe dentro de você e conecta sua alma à sabedoria celestial, tudo pela força da fé. Este livro combina o poder da fé e a prática da meditação para ajudá-lo a conquistar paz interior e cultivar uma vida repleta de altruísmo e compaixão.

Estou Bem!

– 7 Passos para uma Vida Feliz

IRH Press do Brasil

Diferentemente dos textos de autoajuda escritos no Ocidente, este livro traz filosofias universais que irão atender às necessidades de qualquer pessoa. Um tesouro repleto de reflexões que transcendem as diferenças culturais, geográficas, religiosas e étnicas. É uma fonte de inspiração e transformação com instruções concretas para uma vida feliz.

A Mente Inabalável

– Como Superar as Dificuldades da Vida

IRH Press do Brasil

Para o autor, a melhor solução para lidar com os obstáculos da vida – sejam eles problemas pessoais ou profissionais, tragédias inesperadas ou dificuldades contínuas – é ter uma mente inabalável. E você pode conquistar isso ao adquirir confiança em si mesmo e alcançar o crescimento espiritual.

THINK BIG – Pense Grande

– O Poder para Criar o Seu Futuro

IRH Press do Brasil

Tudo na vida das pessoas manifesta-se de acordo com o pensamento que elas mantêm diariamente em seu coração. A ação começa dentro da mente. A capacidade de criar de cada pessoa é limitada por sua capacidade de pensar. Com este livro, você aprenderá o verdadeiro significado do Pensamento Positivo e como usá-lo de forma efetiva para concretizar seus sonhos.

Série Felicidade

A Verdade sobre o Mundo Espiritual

– Guia para uma vida feliz

IRH Press do Brasil

Em forma de perguntas e respostas, este precioso manual vai ajudá-lo a compreender diversas questões importantes sobre o mundo espiritual. Entre elas: o que acontece com as pessoas depois que morrem? Qual é a verdadeira forma do Céu e do Inferno? O tempo de vida de uma pessoa está predeterminado?

Convite à Felicidade

– 7 Inspirações do Seu Anjo Interior

IRH Press do Brasil

Este livro traz métodos práticos para criar novos hábitos para uma vida mais leve, despreocupada, satisfatória e feliz. Por meio de sete inspirações, você será guiado até o anjo que existe em seu interior: a força que o ajuda a obter coragem e inspiração e ser verdadeiro consigo mesmo.

Mude Sua Vida, Mude o Mundo

– *Um Guia Espiritual para Viver Agora*

IRH Press do Brasil

Este livro é uma mensagem de esperança, que contém a solução para o estado de crise em que vivemos hoje. É um chamado para nos fazer despertar para a Verdade de nossa ascendência, a fim de que todos nós possamos reconstruir o planeta e transformá-lo numa terra de paz, prosperidade e felicidade.

Ame, Nutra e Perdoe

– *Um Guia Capaz de Iluminar Sua Vida*

IRH Press do Brasil

O autor revela os segredos para o crescimento espiritual por meio dos Estágios do amor. Cada estágio representa um nível de elevação. O objetivo do aprimoramento da alma humana na Terra é progredir por esses estágios e conseguir desenvolver uma nova visão do amor.

A Essência de Buda

– *O Caminho da Iluminação e da Espiritualidade Superior*

IRH Press do Brasil

Este guia almeja orientar aqueles que estão em busca da iluminação. Você descobrirá que os fundamentos espiritualistas, tão difundidos hoje, na verdade foram ensinados por Buda Shakyamuni, como os Oito Corretos Caminhos, as Seis Perfeições, a Lei de Causa e Efeito e o Carma, entre outros.